RESPUESTAS A LA ORACIÓN

RESPUESTAS A LA ORACIÓN

HISTORIAS REALES SOBRE LA INTERVENCIÓN DIVINA

GEORGE MÜLLER

© 2020 EDITORIAL IMAGEN - EDITORIALIMAGEN.COM

Córdoba, Argentina

© 2020 Digital Edition – Editorialimagen.com
Todos los derechos reservados.

Publicado originalmente en inglés bajo el título: «Answers to Prayer – From George Müller's Narratives» Compiled by A. E. C. Brooks. The Moody Press, Chicago

El texto Bíblico ha sido tomado de diferentes versiones de la Biblia. Si no se especifica lo contrario, el texto utilizado es de la versión Reina-Valera © 1960 Sociedades Bíblicas en América Latina; © renovado 1988 Sociedades Bíblicas Unidas. Utilizado con permiso.

CATEGORÍA: Vida Cristiana/Inspiración/Oración

Print ISBN: 978-1-64081-071-6
Ebook ISBN: 978-1-64081-072-3

Contenido

Prefacio	vii
Cómo Determinar la Voluntad de Dios	i
1. Comienzos y Días Tempranos del Trabajo con los Huérfanos	iii
	5
"Abre tu Boca Grande»	7
Un Gran Estímulo	8
Ciento Sesenta Mil Dólares	9
Huérfanos para el Edificio	9
Sólo Por Hoy	10
Esperando Ayuda	11
Más Allá de la Decepción	11
Un Gran Pecador Convertido	12
Oración por la Bendición Espiritual de los Santos	12
Retención del Informe	13
Él Permanece Fiel	14
Demorado pero Seguro	15
"Como un Padre"	15
Confiar en el Señor es Mejor que las Promesas del Hombre	16
Un Regalo de £12	23
Una Crisis Solemne	23
Una Entrega Preciosa	24
2. Las Nuevas Casas Huérfanas en Ashley Down	27
"A Causa de su Insistencia"	28
La Primera Casa de Huérfanos del Señor Müller	29
Casas de Huérfanos 2 y 3	30
Orando Tres Veces Diariamente por Ayudantes	31
Dificultades Eliminadas después de Oración y Paciencia	32
Las Casas 4 y 5	35

3. Preciosas Respuestas a la Oración — 37
    El Primer Regreso del Artista — 37
    El Viento del Norte Cambia a Viento Sur — 38
    Conversión de los Huérfanos — 40
    Los Huérfanos se Hacen Aprendices — 41
    Enfermedad en el Orfanato — 42
    Ayuda para Hermanos Necesitados — 42
    El Trabajo Misionero en China — 43
    El Gozo de Tener Respuestas a la Oración — 44
    La Gran Necesidad de ser Salvo por la fe en Cristo Jesús — 44
    Una Doble Respuesta — 45
    Cristianos de Negocios — 46
    Avivamiento en las Casas de los Huérfanos — 47
    Las Giras Misioneras del Señor Müller — 48
    El Plan Divino para Enviar Misioneros al Extranjero — 48
    El Comienzo del Avivamiento de 1859 — 50
    El Matrimonio del Señor Müller — 52
    Enfermedad Peligrosa de la Hija del Señor Müller — 55
    El Pan Diario — 56
    «Los Pobres Tenéis Siempre» — 58
    El Señor Dirige los Pasos — 58
    Pruebas Continuas de Fe y Paciencia — 59
    ¿Estás Preparado para la Eternidad? — 62
    Esperando sólo en Dios — 63
    En el Señor Jehová hay una Fuerza Eterna — 65
    Jesucristo, el mismo Ayer, Hoy y Siempre — 65
    Completamente Preparado para Pruebas de Fe — 67
    Fuerte en la Fe, Dando Gloria a Dios — 69
    La Partida del Sr. Müller para Estar con Cristo — 73

Apéndice A — 77
    Cinco Condiciones de la Oración que Prevalece — 77
Apéndice B — 79
    La Lectura Cuidadosa y Consecutiva de las Sagradas Escrituras — 79
Apéndice C — 83
    Comprobando la Voluntad Aceptable de Dios — 83
Estimado Lector — 87
Más Libros de Interés — 89

"En todo el transcurso de mi vida cristiana (un período de hasta ahora sesenta y nueve años con cuatro meses en marzo de 1895), recuerdo que SINCERAMENTE y con PACIENCIA busqué conocer la voluntad de Dios por la enseñanza del Espíritu Santo y por medio de la Palabra de Dios, y SIEMPRE he sido dirigido correctamente.

Pero también deseo señalar que, si faltaba honestidad de corazón y rectitud ante Dios, o si no esperaba pacientemente a que Dios me diera instrucciones, o si prefería el consejo de mis compañeros hombres a las declaraciones de la Palabra del Dios viviente, fue allí que cometí grandes errores."

George Müller

Prefacio

En esta compilación, el Sr. Brooks se ha esforzado por seleccionar los incidentes y las observaciones prácticas de las narrativas del Sr. Müller, que muestran de manera inconfundible, tanto a creyentes como a inconversos, el secreto de la oración que cree, la mano manifiesta de un Dios viviente y Su segura respuesta infaltable, en Su propio tiempo y modo, a cada petición que es conforme a Su voluntad.

La lectura cuidadosa de estos extractos promoverá el gran objeto que el Sr. Müller tenía en mente, sin la necesidad de leer los diversos detalles de sus «Narrativas», detalles que el Sr. Müller se sentía obligado a dar cuando escribe periódicamente el relato de los tratos de Dios con él.

Para aquellos que tienen la oportunidad, leer la «Autobiografía de George Müller" será compensado abundantemente por el tiempo dedicado a ello.

Nota del Editor: En los días del Señor Müller la moneda inglesa -libras, chelines y peniques (pounds (£), shillings, pence) – no era en sistema decimal.

Además, la moneda ha cambiado enormemente su valor hasta nuestros días. Para que el lector tenga una idea del valor actual de las cifras que se mencionan, se ha actualizado el valor de la libra a partir del año 1836 y luego se ha cambiado a valor dólar (julio de 2018).

Aunque se ha intentado estimar una cifra exacta, siguen siendo aproximadas.

Cómo Determinar la Voluntad de Dios

1. Para empezar, elimino de mi mente toda opinión propia sobre el asunto en cuestión. Ese es el 90% de los problemas para las personas en general. El 90% de las dificultades son superadas cuando nuestro corazón está dispuesto a hacer la voluntad del Señor, sea lo que sea. Cuando uno llega a este punto, por lo general falta solamente un pequeño camino hacia el conocimiento de cuál es Su voluntad.
2. Habiendo hecho esto, no permito que el resultado sea afectado por una impresión ni por mis sentimientos. Si lo hiciera, me expongo a grandes engaños.
3. Busco la voluntad del Espíritu de Dios a través de la Palabra de Dios, o en conexión a ella. El Espíritu y la Palabra deben combinarse. Si miro sólo al Espíritu sin la Palabra, también me expongo a grandes engaños. Si el Espíritu Santo nos guía, lo hará de acuerdo con las Escrituras y nunca en contra de ellas.
4. A continuación tomo en cuenta las circunstancias providenciales. Éstas a menudo indican claramente la voluntad de Dios en conexión con Su Palabra y Su Espíritu.
5. Le pido a Dios en oración que me revele Su voluntad correctamente.
6. Por lo tanto, mediante la oración a Dios, el estudio de la Palabra y la reflexión, llego a un juicio preciso de acuerdo con lo mejor de mi capacidad y conocimiento, y si mi mente está así en paz, y si continúa así después de dos o tres peticiones más, procedo en consecuencia. En asuntos triviales, y en transacciones que involucran asuntos más importantes, he encontrado que este método siempre es efectivo.

I

COMIENZOS Y DÍAS TEMPRANOS DEL TRABAJO CON LOS HUÉRFANOS

"Para que la prueba de tu fe, siendo mucho más preciosa que el oro que perece, aunque se pruebe con fuego, se pueda encontrar para alabanza, honor y gloria en la aparición de Jesucristo" (1 Pedro 1:7)

El Sr. George Müller, el fundador de las Nuevas Casas para Huérfanos en Ashley Down, en la ciudad de Bristol (instituciones que han sido durante muchos años los mayores monumentos de los tiempos modernos a un Dios que responde a las oraciones), ofrece en su tan valioso e instructivo libro «Una narración de algunos de los Tratos del Señor con George Müller» Vol. I., entre otras razones para establecer una Casa de Huérfanos, lo siguiente:

"En algunas ocasiones me encontraba con niños preocupados ante la perspectiva de la vejez, cuando ya no pudieran seguir trabajando, y eran hostigados por el temor de tener que ir a la casa de la pobreza. Ante esa situación les señalaba cómo su Padre Celestial siempre ha ayudado a los que ponen su confianza en Él. Para mí, sin embargo, era suficientemente evidente que Dios no era visto por ellos como el Dios VIVIENTE. Mi espíritu a menudo se entristecía ante esta realidad, y anhelaba poner algo delante de los niños para que vieran que Él no abandona, ni siquiera en nuestros días, a los que dependen de Él.

Otra clase de personas eran aquellos hermanos que se dedicaban a los negocios, que sufrían en sus almas y tenían cargos de conciencia por llevar a cabo sus negocios casi de la misma manera que las personas no convertidas. La competencia en el comercio, los malos tiempos, el país sobrepoblado, se dieron como razones por las cuales, si el negocio se llevara a cabo simplemente de acuerdo con la Palabra de Dios, no se podía esperar que tuviera éxito. Tal hermano, tal vez, expresaría el deseo de encontrarse en una situación diferente pero muy raramente vi que había una disposición para acercarse a Dios, que existiera la santa determinación de confiar en el Dios viviente y de depender de Él para que se mantuviera una buena conciencia. A esta clase de personas también deseaba mostrar, mediante una prueba visible, que Dios es inmutablemente el mismo.

Luego había otra clase de personas, individuos que estaban en profesiones en las que no podían continuar con una buena conciencia, o personas que estaban en una posición no bíblica con referencia a cosas espirituales, pero ambas clases temían renunciar a la profesión en la cual no podían permanecer con Dios a causa de las consecuencias, o abandonar su posición para no perder el empleo.

Mi espíritu anhelaba ser instrumental en el fortalecimiento de su fe, al darles no solo instancias de la Palabra de Dios, de Su disposición y capacidad para ayudar a todos los que dependen de Él, sino también mostrarles con pruebas de que Él es el mismo en nuestros días. Sabía que la Palabra de Dios debería ser suficiente, y fue, por Gracia, suficiente para mí, pero, aun así, consideré que debía ayudar a mis hermanos, si de alguna manera, por esta prueba visible de la inmutable fidelidad del Señor, pudiera fortalecer sus manos en Dios. Recordé que mi propia alma había recibido gran bendición a través de los tratos del Señor con Su siervo A. H. Franke quien, al depender sólo del Dios viviente, estableció una inmensa Casa de Huérfanos, que había visto muchas veces con mis propios ojos. Yo, por lo tanto, me sentí obligado a ser el servidor de la Iglesia de Dios, en el punto particular en el que había obtenido misericordia: a saber, en poder tomar a Dios por Su palabra y confiar en Él.

Todos estos ejercicios de mi alma, que resultaron del hecho de que tantos creyentes con quienes me familiaricé fueron acosados y angustiados en mente, o se sentían culpados en su conciencia por no confiar en el Señor; fueron utilizados por Dios para despertar en mi corazón el deseo de establecer, ante la iglesia en general y ante el mundo, una prueba de que Él no ha cambiado en lo más mínimo; y esto me pareció mejor hacerse mediante el establecimiento de una Casa de Huérfanos. Tenía que ser algo que se pudiera ver, incluso por el ojo natural.

Ahora, si yo, un hombre pobre, simplemente por la oración y la fe, obtuviera, sin preguntarle a ningún individuo, los medios para establecer y llevar adelante una Casa de Huérfanos, habría algo que, con la bendición del Señor, podría ser determinante para fortalecer la fe de los niños, además de ser un testimonio a los inconversos de la realidad de las cosas de Dios. Esta, entonces, fue la razón principal para establecer la Casa de Huérfanos. Ciertamente, deseaba de todo corazón ser usado por Dios para beneficiar a los niños pobres, por su falta de ambos padres, y buscar en otros aspectos, con la ayuda de Dios, hacerles bien en esta vida. Anhelaba, además, ser usado por Dios para poder lograr que estos queridos huérfanos sean entrenados en el temor de Dios; pero, aun así, el primer y principal objeto de la obra era (y sigue siendo) que Dios sea magnificado por el hecho de que los huérfanos a mi cuidado se les proporciona todo lo que necesitan, sólo mediante la oración y la fe, sin que nadie pida nada, ni yo ni mis colaboradores.

De esa manera se puede ver que Dios es TODAVÍA FIEL y TODAVÍA OYE LA ORACIÓN. Que no me equivoqué, ha sido probado abundantemente desde noviembre de 1835, tanto por la conversión de muchos pecadores que han leído sobre los acontecimientos, que se han publicado en relación con este trabajo, como por la abundancia de frutos que se ha conseguido en el corazón de los santos, por lo cual, desde mi alma más íntima, deseo agradecer a Dios. Él sólo es digno de recibir el honor y la gloria, pero yo, con Su ayuda."

"Abre tu Boca Grande»

En el informe escrito por el Sr. Müller con fecha del 16 de enero de 1836, con respecto a la Casa de Huérfanos que se pretende establecer en Bristol, en relación con la Institución del Conocimiento de las Escrituras para el Hogar y el Extranjero, leemos:

"Últimamente, cuando los pensamientos de establecer una Casa de Huérfanos en dependencia al Señor revivieron en mi mente, durante las dos primeras semanas solo oré para que, si fuera del Señor, Él lo llevara a cabo, pero si no fuese de Él, que se complazca en sacar de mi mente todos los pensamientos acerca de eso. Mi incertidumbre acerca de conocer la mente del Señor no surgió de cuestionar si le sería aceptable que hubiera una morada y educación de las Escrituras provista para niños indigentes huérfanos y sin madre, pero si era Su voluntad que yo fuera el instrumento para poner tal objetivo en marcha, ya que mis manos ya estaban más que llenas. Mi consuelo, sin embargo, era que, si fuera Su voluntad, proporcionaría no sólo los medios, sino también las personas adecuadas para cuidar de los niños, para que mi parte del trabajo ocupara solo una parte de mi tiempo, ya que, considerando la importancia del asunto, pudiera atender, a pesar de ello, mis muchos otros compromisos. Durante esas dos semanas nunca le pedí dinero al Señor, ni tampoco por las personas que se requerían para involucrarse en el trabajo.

Sin embargo, el 5 de diciembre el tema de mi oración de repente se hizo diferente. Estaba leyendo el Salmo 81, y me sentí especialmente impresionado, más que en cualquier otro momento anterior, con el versículo 10: "Abre tu boca, y yo la llenaré." Pensé unos momentos acerca de estas palabras, y luego fui llevado a aplicarlas al caso de la Casa de Huérfanos. Me llamó la atención que nunca le había pedido al Señor nada al respecto, excepto conocer Su voluntad, respetando que se establezca o no, y entonces me arrodillé y abrí la boca, pidiéndole mucho. Pedí en sumisión a Su voluntad, y sin establecer un tiempo para Su respuesta a mi petición. Oré pidiéndole que me diera una casa, es decir, ya sea como un préstamo, o que alguien esté dispuesto a pagar el alquiler de una, o que alguien quiera darla de forma permanente para este propósito. Además, le pedí £1,000 (mil libras esterlinas – un equivalente hoy día de aproximadamente USD $160,000), e igualmente para personas adecuadas para cuidar de los niños. Además de esto, me he sentido guiado desde entonces, a pedirle al Señor que Él ponga en el corazón de Su pueblo que me envíen artículos de mobiliario para la casa y algo de ropa para los niños. Cuando estaba haciendo la petición estaba completamente consciente de lo que estaba haciendo, es decir, que estaba pidiendo algo que no tenía perspectiva natural de obtener de los hermanos que conozco, pero que no era demasiado para que el Señor lo concediera."

"10 de diciembre de 1835. Esta mañana recibí una carta en la que un hermano y una hermana escribían así: «Queremos ofrecernos para el servicio de la Casa de Huérfanos que abrirá, si nos considera aptos para ello. También queremos renunciar a todos los muebles que el Señor nos ha dado para el uso del orfanato; y hacer esto sin recibir ningún salario; creyendo que, si es la voluntad del Señor emplearnos, Él proveerá todas nuestras necesidades, etc.»"

"13 de diciembre. Un hermano fue influenciado este día para dar 4 shillings (USD $30) por semana, o £10 8 shillings (USD $1,560) anuales, siempre que el Señor le diera los medios; 8 shillings (USD $60) fue entregado por él como la suscripción equivalente a dos semanas. El día de hoy un hermano y una hermana se ofrecieron, con todos sus muebles y todas las provisiones que tienen en la casa, si pudieran ser empleados útilmente en las tareas de la Casa de Huérfanos."

Un Gran Estímulo

"17 de diciembre. Estaba bastante abatido anoche sobre el asunto, y esta mañana, preguntándome si debería preocuparme de esta manera, fui inducido a pedirle al Señor que me diera un estímulo adicional. Poco después fueron enviados por un hermano dos piezas de tela de algodón, una de siete metros y la otra de 23 metros, 6 metros de calicó, cuatro piezas de entretela, alrededor de cuatro metros en total, una sábana y un metro para medir. Esta noche otro hermano trajo un tendedero, tres vestidos, cuatro guardapolvos, seis pañuelos, tres cubrecamas, una manta, dos saleros de estaño, seis tazas de metal y seis cucharas de té de metal, y también trajo 3s. 6d (USD $26) que le dieron tres personas diferentes. Al mismo tiempo, me contó que una persona había sentido enviarme £100 (USD $16,000) el día siguiente."

Ciento Sesenta Mil Dólares

"15 de junio de 1837. Hoy, una vez más, me dediqué a orar con fervor por el resto de las £1000 (USD $160,000). Esta noche entregaron £5 (USD $ 800), por lo que ahora se ha completado la totalidad de esa suma. Para la gloria del Señor, de quien yo soy y a quien sirvo, volvería a declarar que cada chelín de este dinero, y todas las prendas de vestir y muebles que se han mencionado anteriormente, se me han dado en su totalidad, sin que yo le pidiera a un solo individuo."

Huérfanos para el Edificio

En una tercera declaración, que contiene el anuncio de la apertura de la Casa de Huérfanos para niñas indigentes, y una propuesta para el establecimiento de una Casa de Huérfanos Infantiles, que se envió a la prensa el 18 de mayo de 1836, el Sr. Müller escribió:

"Hasta donde recuerdo, traje ante el Señor en mis peticiones incluso las circunstancias más mínimas sobre la Casa de Huérfanos, siendo consciente de mi propia debilidad e ignorancia. Hubo, sin embargo, un punto por el que nunca había orado, a saber, que el Señor enviaría niños, porque naturalmente daba por sentado que habría muchas aplicaciones. Sin embargo, cuanto más cerca estaba el día señalado para recibir las solicitudes, más aguardaba en mi interior una realización secreta de que el Señor podría decepcionar mis expectativas naturales, y mostrarme que no podría prosperar en una sola cosa sin Él. Llegó el momento señalado, y ni siquiera se presentó una solicitud. Antes de esto había sido probado repetidamente, por si me involucraba en este trabajo contra la voluntad del Señor.

Esta circunstancia ahora me llevó a postrarme ante mi Dios en oración durante toda la noche, el 3 de febrero, y examinar mi corazón una vez más en cuanto a todos los motivos relacionados con él, y de poder declarar, como antes, que Su gloria era mi principal objetivo, es decir, que se pudiera ver que no es una cosa vana confiar en el Dios viviente, y que mi segundo objetivo era el bienestar espiritual de los huérfanos, y el tercero su bienestar corporal. Aún continuando en oración finalmente fui llevado a este estado, que podría decir desde mi corazón, que debería alegrarme de que Dios fuera glorificado en este asunto, aunque todo resultara en nada en absoluto. Pero como todavía, y después de todo me pareció que tendía más a la gloria de Dios el establecer y prosperar la Casa de Huérfanos, podía pedirle sinceramente que Él enviara solicitudes. Disfruté ahora de un estado de paz con respecto al tema, y estaba más seguro que nunca de que Dios lo establecería. Al día siguiente, 4 de febrero, se realizó la primera solicitud, y desde entonces se han realizado 42 más."

Sólo Por Hoy

Más tarde, cuando había cerca de 100 personas que mantener y los fondos se redujeron a alrededor de £20 (USD $ 3,200), el Sr. Müller escribe:

"22 de julio de 1838. Esta noche estaba caminando en nuestro pequeño jardín, meditando sobre Hebreos 13:8: «Jesucristo es el mismo ayer, y hoy, y para siempre.» Mientras meditaba en Su amor inmutable, Su poder y sabiduría, etc. y reflexionando sobre todo ello, mientras continué en oración acerca de mí mismo; y aplicando de la misma manera Su amor inmutable, y Su poder y sabiduría, etc., a mis circunstancias espirituales y temporales presentes, de repente me vino a la mente la necesidad presente de la Casa de Huérfanos.

Inmediatamente fui inducido a decirme a mí mismo: Jesús, en Su amor y poder, hasta ahora me ha proporcionado lo que necesitaba para los huérfanos, y con el mismo amor y poder inalterables Él me proporcionará lo que pueda necesitar para el futuro. Un flujo de alegría entró en mi alma al darme cuenta de la inmutabilidad de nuestro adorable Señor.

Aproximadamente un minuto después me trajeron una carta adjuntando una factura por £20 (USD $3,200). En la nota que había dentro estaba escrito: «El billete adjunto es para fomentar su trabajo en Scriptural Knowledge Society (Instituto del Conocimiento de las Escrituras), o de su Establecimiento de Huérfanos, o en el trabajo y la causa de nuestro Maestro de cualquier manera que Él Mismo te señale. No es una gran suma, pero es una provisión suficiente para la exigencia de hoy, y es para las exigencias actuales que generalmente el Señor provee. Mañana, al traer sus demandas, encontrará su suministro, etc.»

(De estas £20 tomé £10 (USD $1,600) para el fondo Huérfano, y £10 (USD $1,600) para otras exigencias, y así pude cubrir los gastos de aproximadamente £34 (USD

$5,445) que, en relación con las Casas de los Huérfanos, cayeron sobre mí dentro de cuatro días después, y que sabía de antemano vendrían.)"

Esperando Ayuda

"21 de noviembre de 1838. Nunca habíamos tenido fondos tan reducidos como hoy. No había ni un solo medio penique a mano entre las matronas de las tres casas. Sin embargo, hubo una buena cena y una gestión para ayudarnos unos a otros con pan, etc. Había una leve posibilidad de superar este día también, pero para ninguna de las casas teníamos la posibilidad de poder comprar pan. Cuando dejé a los hermanos y hermanas a la una en punto, después de orar, les dije que debíamos esperar por ayuda y ver cómo el Señor nos liberaría esta vez. Estaba seguro de que recibiríamos la ayuda, pero de hecho estábamos en un aprieto. Cuando llegué a Kingsdown sentí que necesitaba más ejercicio. Como hacía mucho frío, no fui por el camino más cercano a casa, sino por Clarence Place. A unos veinte metros de mi casa me encontré con un hermano que regresó conmigo y, después de una pequeña conversación, me dio 10 libras (USD $1,600) para entregar a los hermanos, los diáconos, a proporcionar a los pobres santos con carbón, mantas y ropa de abrigo, también £5 (USD $800) para los huérfanos y £5 (USD $800) para la Institución del Conocimiento de las Escrituras. Lo que pasó fue que ese hermano había llamado dos veces a la Casa de Huérfanos después que salí, y si hubiera tardado medio minuto más no lo habría encontrado. Pero el Señor conocía nuestra necesidad y, por lo tanto, me permitió encontrarme con él. Luego envié las £5 inmediatamente a las matronas."

Más Allá de la Decepción

"21 de septiembre de 1840, lunes. Por lo que teníamos a disposición de los Huérfanos, y por lo que había llegado ayer, la necesidad de hoy está más que satisfecha, ya que también hay suficiente para mañana. Hoy un hermano del barrio de Londres me dio £10 (1,600 dólares), para que las distribuyera como fuera más necesario. Como hemos estado orando durante muchos días por la Escuela y los Fondos Misioneros, lo tomé para ellos. Este hermano no sabía nada de nuestro trabajo cuando vino hace tres días a Bristol. Así que el Señor, para mostrar Su continuo cuidado sobre nosotros, levanta nuevos ayudantes. ¡Los que confían en el Señor nunca serán frustrados!

Algunos que ayudaron por un tiempo pueden dormirse en Jesús, otros pueden enfriarse en el servicio del Señor, otros pueden estar tan deseosos como siempre de ayudar pero ya no tienen los medios, otros pueden tener un corazón dispuesto a ayudar y también tienen los medios, pero pueden ver que el Señor quiere que ahora ayuden a otros; y así, por una u otra causa, si nos apoyamos en el hombre, seguramente seremos frustrados; pero, apoyándonos solo en el Dios viviente, estamos MÁS ALLÁ de la desilusión, y MÁS ALLÁ de ser abandonados por la muerte, o la falta de medios, o la falta de amor, o debido a los reclamos de otro trabajo. ¡Qué valioso ha sido aprender en cualquier medida, estar solo con Dios en el mundo, y sin embargo ser feliz, y saber que seguramente no se nos negará nada bueno mientras caminamos rectamente!"

Un Gran Pecador Convertido

En su revisión del año 1841, el Sr. Müller escribe:

"Durante este año fui informado acerca de la conversión de uno de los más grandes pecadores, de lo que nunca había oído hablar en todo el tiempo de mi servicio para el Señor. Repetidamente de rodillas con su esposa le había pedido al Señor su conversión, cuando ella vino a mí en la más profunda angustia del alma, a causa del tratamiento más bárbaro y cruel que recibía de él. Resulta que esta persona, en su amarga enemistad contra ella por el amor de Dios, y porque no podía provocarla a ella a enojo, y porque ella no lo golpearía, y cosas por el estilo, le hacía la vida imposible. Cuando estaba en su peor momento, supliqué por él basado en la promesa en Mateo 18:19: «Otra vez os digo, que si dos de vosotros se ponen de acuerdo en la tierra acerca de cualquier cosa que pidan, les será hecho por mi padre que está en los cielos.» ¡Y ahora este horrible abusador se ha convertido!"

Oración por la Bendición Espiritual de los Santos

"El 25 de mayo comencé a pedir al Señor una mayor prosperidad espiritual real entre los santos, entre aquellos con los que trabajo en Bristol, algo que nunca antes había habido entre ellos, y ahora tengo que atestiguar, para alabanza del Señor, que verdaderamente Él ha respondido a esta petición, porque, considerando todas las cosas, en ningún momento ha habido más manifestación de gracia y verdad y poder espiritual entre nosotros que ahora mientras escribo esto para la prensa (1845). No es que ya hayamos alcanzado todo lo que podemos, estamos muy, muy lejos de eso, pero el Señor ha sido muy, muy bueno para con nosotros, y tenemos una gran razón para estar agradecidos."

Retención del Informe

"9 de diciembre de 1841. Por la venta de medias, hoy llegó a los huérfanos la cantidad de 10s. 10d. (USD $1,700). Ahora estamos llegando al final del sexto año de esta parte del trabajo, teniendo solo disponible el dinero que se ha separado para el alquiler, pero durante todo este año se nos ha provisto de todo lo que se necesitaba.

Durante los últimos tres años habíamos cerrado las cuentas en este día, y teníamos, unos días después, algunas reuniones públicas en las cuales, para el beneficio de los oyentes, declaramos cómo el Señor nos había sostenido durante el año, y la sustancia de lo que se había declarado en estas reuniones se imprimió después para el beneficio de la iglesia en general. Esta vez, sin embargo, nos pareció mejor demorar por un tiempo tanto las reuniones públicas como la publicación del Informe. Habíamos aprendido a apoyarnos únicamente en el Señor, asegurándonos de que, si nunca hubiésemos de hablar o escribir una sola palabra más acerca de este trabajo, seríamos provistos de medios, siempre y cuando Él nos permitiera depender de Él solamente.

Nosotros no queríamos tener esas reuniones públicas con el propósito de exponer nuestra necesidad, ni tampoco publicar el relato de los tratos del Señor con nosotros para no influir en los sentimientos de los lectores y así inducirlos a dar dinero. Sin embargo, podría parecerles a algunos que, si diéramos a conocer nuestras circunstancias, es porque fuimos motivados por algunos de esos motivos. Por lo tanto, ¿qué mejor prueba podríamos dar de nuestro depender sólo del Dios viviente, que, en medio de nuestra profunda pobreza, en lugar de aprovechar para hacer conocer nuestra necesidad más bien seguimos en silencio durante un tiempo más, sin decir nada, no dependiendo de reuniones públicas o informes impresos?

Por lo tanto, determinamos en este trabajo actuar en beneficio de los santos en general, retrasar tanto las reuniones públicas como también el Informe durante algunos meses. En lo natural deberíamos haber estado muy contentos por la oportunidad de poder exponer nuestra pobreza en ese momento, pero espiritualmente no pudimos deleitarnos aún en la perspectiva del beneficio incrementado que podría derivarse por la iglesia en general de lo que hicimos nosotros.

18 de diciembre, sábado por la mañana. Ahora tenemos la mayor necesidad, y solo 4 peniques (menos de 3 dólares) en la mano, que encontré en la caja de mi casa, pero creo firmemente que el Señor nos proporcionará este día también con todo lo que se requiere. Haz una pausa por unos momentos, querido lector. Observa dos cosas:

actuamos por Dios al retrasar las reuniones públicas y la divulgación del Informe, pero en lo que respecta a la vista y el sentido, el camino de Dios siempre lleva a pruebas.

La naturaleza siempre será probada por los caminos de Dios. El Señor estaba diciendo por esta prueba de pobreza: «Ahora veré si realmente te apoyas en Mí, y si realmente confías en Mí.»

De todas las temporadas que he pasado desde que vivía de esta manera, hasta ese momento, nunca supe ningún período en el que mi fe haya sido probada tan drásticamente, como durante los cuatro meses del 12 de diciembre de 1841, hasta el 12 de abril de 1842. Pero observe más: es posible que ahora hayamos cambiado nuestra decisión con respecto a las reuniones públicas y la publicación del Informe; porque nadie conocía nuestra determinación, en este tiempo, con respecto a aquella decisión. No, por el contrario, sabíamos con qué deleite muchos hijos de Dios esperaban recibir más relatos de nuestro Informe. Pero el Señor nos mantuvo firmes en aquella decisión a la que habíamos llegado bajo Su guía."

Él Permanece Fiel

En la fecha del 25 de enero de 1842, el Sr. Müller escribe:

"Quizás, querido lector, has dicho en tu corazón: ¿Qué pasaría si los fondos para los huérfanos se redujeran a nada y los que están comprometidos en el trabajo no tuvieran nada para dar y llegara el momento de la comida y no hubiese alimentos para los niños? Así puede ser, porque nuestro corazón es desesperadamente malvado. Si alguna vez quisiéramos actuar por nosotros mismos, ya sea que no dependemos más del Dios vivo, o que 'consideramos la iniquidad en nuestros corazones', entonces tenemos razones para creer que esa situación bien podría ocurrir. Pero mientras seamos capaces de confiar en el Dios viviente, y siempre que no vivamos en pecado, tal estado de cosas no puede ocurrir. Por lo tanto, querido lector, si tú caminas con Dios, y si por ese motivo Su gloria es lo que anhelas, te suplico fervientemente que le ruegues que nos sostenga. Cuán horrible sería la desgracia que caería sobre Su santo nombre si nosotros, que tan públicamente nos hemos jactado en Él y hemos hablado bien de Él, nos atreveríamos a deshonrarlo, ya sea por incredulidad en la hora de la prueba, o por una vida de pecado en otros aspectos."

Demorado pero Seguro

"9 de marzo de1842. En un momento de gran necesidad, tanto con respecto a las Escuelas de Día como a las Casas de Huérfanos, tanto que no podríamos haber continuado sin ayuda, recibí este día £10 (USD $1,600) de un hermano que vive cerca de Dublín. El dinero se dividió entre las Escuelas de Día y las Casas de Huérfanos.

Quiero señalar la siguiente pequeña circunstancia con respecto a esta donación: Como nuestra necesidad era tan grande, y mi alma, por gracia, estaba esperando verdaderamente en el Señor, estaba a la expectativa de que llegaran provisiones en el transcurso de esta mañana. Sin embargo, el correo ya había llegado, y no habían arribado suministros. Esto no me desanimó en lo más mínimo. Me dije a mí mismo que el Señor puede enviar recursos aunque no sean por el correo, incluso puede haber enviado dinero y todavía no está en mis manos. No pasó mucho tiempo después de que me hubiera hablado a mí mismo cuando, de acuerdo con mi esperanza en Dios, recibimos ayuda, porque el hermano que nos envió los £10, esta vez había dirigido su carta a la casa de huérfanos de los muchachos, y de allí me lo enviaron."

"Como un Padre"

"17 de marzo. Del 12 al 16 de marzo habían llegado £4 5s. 11½d (cuatro libras, cinco chelines con once peniques y medio – equivalente a unos 700 dólares) para los huérfanos. Esta mañana nuestra pobreza, que ahora ha durado varios meses, se había vuelto extremadamente grande. Salí de mi casa unos minutos después de las siete para ir a las Casas de Huérfanos, para ver si había suficiente dinero para pagar la leche, que llega alrededor de las ocho. En el camino, mi pedido específico fue que el Señor se complaciera en compadecerse de nosotros, así como un padre se compadece de sus hijos, y que Él no ponga sobre nosotros más de lo que Él nos permitiría llevar. Le supliqué especialmente que ahora se complazca en refrescar nuestros corazones enviándonos ayuda. También le recordé las consecuencias que resultarían, tanto en referencia a los creyentes como a los incrédulos, si tuviéramos que renunciar a la obra por falta de medios, y que, por lo tanto, no permitiera que desapareciera.

Además confesé ante el Señor que yo no me merecía que Él siguiera usándome más en este trabajo. Mientras estaba así en oración, a unos dos minutos de las Casas de Huérfanos, me encontré con un hermano que se dirigía a esa hora temprana a su negocio. Después de haber intercambiado algunas palabras con él, continué; pero él corrió detrás de mí, y me dio £1 (160 dólares) para los huérfanos. Por lo tanto, el Señor respondió rápidamente mi oración.

Verdaderamente vale la pena ser pobre y muy probado en la fe, por el bien de tener día tras día tan preciosas pruebas del amoroso interés que nuestro bondadoso Padre tiene en todo lo que nos concierne. Y nuestro Padre ¿cómo haría las cosas de otro modo? Aquel que nos ha dado la mayor prueba posible de Su amor al darnos a Su propio Hijo, seguramente Él también nos dará todas las cosas libremente."

Confiar en el Señor es Mejor que las Promesas del Hombre

"6 de mayo de 1845. Hace unas seis semanas, un hermano amablemente insinuó de que esperaba una cierta suma considerable de dinero, y que, si la obtenía, una cierta porción de ella la daría al Señor, de modo que £100 se debían usar para el trabajo de mis manos, y la otra parte para mis gastos personales y del hermano Craik. Sin embargo, día tras día pasaban y el dinero no llegaba. No confiaba en este dinero, sin embargo, como durante todo este tiempo y con casi ninguna excepción estábamos muy necesitados, pensé una y otra vez en la promesa de este hermano, aunque por la gracia de Dios no confié en el hermano que había hecho la promesa sino en el Señor. Así, semana tras semana, el dinero no llegaba. Ahora, esta mañana, se me ocurrió que tales promesas debían valorarse, en cierto sentido, como nada, es decir, que la mente nunca debe ser dirigida por un momento a esas palabras bonitas, sino hacia el Dios viviente, y al Dios vivo solamente. Vi que tales promesas no deberían tener el valor de un solo centavo en lo que respecta a pensar en ellas para obtener ayuda. Por lo tanto, le pedí al Señor, como de costumbre, cuando estaba orando con mi amada esposa sobre el trabajo que estaba en mis manos, que estaría complacido que Él tomara todo este asunto de esa promesa completamente fuera de mi mente, y que Él me ayudara a no valorarlo en lo más mínimo, sino de tratarlo como si no valiera ni un solo centavo, con el fin de de mantener mis ojos enfocados solamente en Él mismo. Me dio la habilidad de hacerlo. Todavía no habíamos terminado de orar cuando recibí la siguiente carta:

5 de mayo de 1845

Querido hermano,

¿Siguen siendo sus banqueros los Sres. Stuckey and Co. de Bristol, y sus banqueros siguen siendo los Sres. Robarts y Co. de Londres? Por favor, confirme esto; y si el caso fuera así, considere esto como una carta de aviso de que se han depositado £70 (USD $11,200) a los señores Robarts y Co., a favor de los señores

Stuckey y Co., para usted. Esta suma debe aplicarla conforme a la manera que el Señor le dé sabiduría. No enviaré a Robarts and Co. hasta que tenga noticias suyas.

Siempre afectuosamente suyo, * * * *

Así que el Señor recompensó de inmediato esta determinación de esforzarme por no mirar en lo más mínimo esa promesa de un hermano, sino solo a Él. Pero esto no era todo. Alrededor de las dos de esta misma tarde recibí 166 libras esterlinas (unos 26, 640 dólares) del hermano que hacía más de cuarenta días hizo esa promesa, ya que este mismo día recibió el dinero. De esta suma, £100 (USD $16,000) se usarán para el trabajo en mis manos, y el resto para el hermano Craik y mis propios gastos personales."

Con fecha 1842, el Sr. Müller escribe:

"Deseo que todos los hijos de Dios que tengan la oportunidad de leer estos detalles puedan así ser conducidos a una mayor y más sencilla confianza en Dios para todo lo que puedan necesitar bajo cualquier circunstancia, y que estas muchas respuestas a la oración puedan alentarlos a orar, particularmente en lo que respecta a la conversión de sus amigos y familiares, su propio progreso en la gracia y el conocimiento de Dios, el estado de los santos a quienes conocen personalmente, el estado de la iglesia de Dios en general, y el éxito de la predicación de la Evangelio.

Especialmente les advierto afectuosamente que no se dejen llevar por el artificio de Satanás, pensando que estos sucesos son propios a mi persona solamente y que no pueden ser disfrutadas por todos los hijos de Dios, porque aunque no a todo creyente se les pide que establezca Casas de Huérfanos, Escuelas de Caridad, etc., y confíen en el Señor por los medios para suplir esas necesidades, sin embargo todos los creyentes son llamados, en la sencilla confianza de la fe, a depositar todas sus cargas sobre Él, confiar en Él por todo, y no sólo para hacer de todo un tema de oración, sino para esperar respuestas a esas peticiones que han pedido de acuerdo con Su voluntad y en el nombre del Señor Jesús. No pienses, querido lector, que tengo el don de fe, es decir, ese don del cual leemos en 1 Corintios 12:9, y que se menciona junto con «los dones de sanidad», «el hacer milagros», «profecía», y que por esa razón puedo confiar en el Señor.

Es cierto que la fe que estoy capacitado para ejercer es totalmente un regalo de Dios. Es verdad que solo Él apoya esa fe y que solo Él puede aumentarla; es verdad que cada momento dependo de Él por ello, y que si me quedara un solo momento para mí, mi fe fracasaría por completo; pero no es cierto que mi fe sea ese don de fe del que se habla en 1 Corintios 12:9 por las siguientes razones:

1. La fe que puedo ejercitar con referencia a las Casas de Huérfanos y a mis propias necesidades temporales no es esa 'fe' de la que se habla en 1 Corintios 13:2 (evidentemente en alusión a la fe hablada en 1 Corintios 12:9), 'Aunque tenga toda la fe para poder quitar montañas, y no tengo caridad (amor), no soy nada', sino que es la misma fe que se encuentra en cada creyente, y que crece a medida que soy más sensible conmigo mismo, porque he notado que poco a poco ha ido aumentando durante los últimos sesenta y nueve años.
2. Esta fe que se ejerce con respecto a las Casas de Huérfanos y a mis propias necesidades temporales se muestra en la misma medida en relación con los siguientes puntos: Nunca se me ha permitido dudar durante los últimos sesenta y nueve años de que mis pecados son perdonados, que soy un hijo de Dios, que soy amado por Dios, y que finalmente seré salvo, porque estoy capacitado, por la gracia de Dios, para ejercer fe sobre la palabra de Dios y creer lo que Dios dice en esos pasajes que resuelven estos asuntos (1 Juan 5:1 – Gálatas 3:26 – Hechos 10:43 – Romanos 10:9, 10 – Juan 3:16, etc.).

Además, cuando a veces todo ha sido oscuro y excesivamente tenebroso con referencia a mi servicio entre los santos, y juzgando por las apariencias naturales, cuando debería haber estado abrumado por el dolor y la desesperación, y al mirar las cosas según la apariencia externa, en esos momentos he tratado de alentarme en Dios, de asirme por fe a Su enome poder, Su amor inmutable y Su sabiduría infinita, y me he dicho a mí mismo: si es bueno para mí, entonces Dios puede y está dispuesto a liberarme, porque está escrito: «El que no escatimó ni a su propio Hijo, sino que lo entregó por todos nosotros, ¿cómo no nos dará también con él todas las cosas?» Romanos 8:32. Esto fue lo que, creyendo por medio de la gracia, mantuvo mi alma en paz.

Además, cuando en relación con las Casas de Huérfanos, las Escuelas Diurnas, etc., me han llegado pruebas que eran mucho más pesadas que la falta de recursos, como por ejemplo cuando se difundieron los informes de que los huérfanos no tenían suficiente para comer o que eran cruelmente tratados en otros aspectos y cosas por el estilo, o cuando sobrevinieron otras pruebas en relación con este trabajo aún mayores pero que no puedo mencionar, y que en un momento en que estaba a casi mil millas de Bristol y tenía que permanecer ausente semana tras semana, en tales ocasiones mi alma se estableció en Dios: creí Su palabra de promesa que era aplicable a tales circunstancias; vertí mi alma delante de Dios, y me levanté de rodillas en paz, porque el problema que había en el alma era creer en la oración puesta en Dios, y así quedé en paz, aunque vi que era la voluntad de Dios que permaneciera lejos del trabajo.

Además, cuando necesitaba propiedades, compañeros de trabajo, maestros y cuidadores para los huérfanos o para las escuelas diurnas, he sido capaz de buscar al Señor por todo y confiar en Él por Su ayuda.

Estimado lector, parece que alardeo, pero, por la gracia de Dios, no me glorío en hablar así. Desde lo más profundo de mi alma lo atribuyo únicamente a Dios, ya que Él me ha permitido confiar en Él, y hasta ahora mi confianza en Él no ha fallado. Pero pensé que era necesario hacer estas observaciones para que nadie pensara que depender de Dios era un don particular que me fue dado y que otros santos no tienen derecho a buscar; o por temor a que se piense que esto de depender de Él sólo tiene que ver con la obtención de DINERO mediante la oración y la fe. Por la gracia de Dios deseo que mi fe en Dios se extienda a TODAS las cosas, sean las más pequeñas de mis preocupaciones temporales y espirituales, las más pequeñas de las preocupaciones temporales y espirituales de mi familia, los santos con quienes trabajo, la iglesia en general, y todo lo que tiene que ver con la prosperidad temporal y espiritual de la Institución del Conocimiento de las Escrituras.

Querido lector, no piense que he alcanzado en fe (¡y cuánto menos en otros aspectos!) aquello que en medida pudiera y debería alcanzar; pero agradezco a Dios por la fe que me ha dado, y le pido que la mantenga y la aumente.

Y por último, una vez más, no permita que Satanás lo engañe haciéndole pensar que no podría tener la misma fe, y que es sólo para personas que están situadas como yo. Cuando pierdo algo como una llave, le pido al Señor que me guíe a encontrarla, y espero una respuesta a mi oración. Cuando una persona con la que he concertado una cita no viene de acuerdo con el horario fijado y empiezo a sentirme incomodado por ello, le pido al Señor que esté complacido de apresurar a esa persona y anticipo una respuesta. Cuando no entiendo un pasaje de la Palabra de Dios, levanto mi corazón al Señor y le pido que le complazca, por su Espíritu Santo, instruirme, y entonces espero ser enseñado, aunque no fijo el cuándo ni el cómo debe ser. Cuando voy a ministrar en la Palabra, busco la ayuda del Señor mientras reconozco mi inhabilidad natural, así como mi indignidad absoluta, y comienzo este Su servicio. No estoy abatido sino de buen ánimo, porque busco Su ayuda y creo que Él, por el amor de su Hijo, me ayudará. Y así, de la misma manera, en otras de mis preocupaciones temporales y espirituales, le pido al Señor y espero una respuesta a mis peticiones, y acaso ¿no puedes hacer tú lo mismo, querido lector creyente?

¡Oh! Se lo ruego, no pienss que soy un creyente extraordinario, teniendo privilegios sobre otros queridos hijos de Dios que ellos no pueden disfrutar; ni mire mi forma de actuar como algo que no sería apropiada para otros creyentes. ¡Pruébelo Ud. mismo! Permanezca quieto en la hora de la prueba y verá la ayuda de Dios si confía en Él. Pero a menudo se abandonan los caminos del Señor en la hora de la prueba, y así se pierde el alimento de la fe que es el medio por el cual nuestra fe puede aumentarse. Esto me lleva al siguiente punto importante.

Usted pregunta: ¿Cómo puedo yo, un verdadero creyente, fortalecer mi fe? La respuesta es esta:

1. "Toda buena dádiva y todo don perfecto desciende de lo alto, del Padre de las luces, en el cual no hay mudanza, ni sombra de variación." Santiago 1:17. Como el aumento de la fe es un buen don, debe provenir de Dios y, por lo tanto, se le debe pedir esta bendición.
2. Sin embargo, se deben usar los siguientes medios:

a) La lectura cuidadosa de la Palabra de Dios combinada con la meditación sobre ella. Mediante la lectura de la Palabra de Dios, y especialmente a través de la meditación de la Palabra de Dios, el creyente se familiariza cada vez más con la naturaleza y el carácter de Dios, y así ve cada vez más, además de Su santidad y justicia, que es un ser amable, amoroso, misericordioso, poderoso, sabio y fiel.

Por lo tanto, en la pobreza, en la aflicción del cuerpo, en medio del duelo familiar, al atravesar la dificultad en su servicio, o ya sea en la falta de recursos o empleo, descansará sobre la habilidad de Dios para ayudarlo, porque no solo ha aprendido de Su Palabra que es de poder omnipotente y de sabiduría infinita, sino que también ha visto ejemplo tras ejemplo en las Sagradas Escrituras en las cuales Su poder omnipotente y sabiduría infinita se han ejercido realmente para ayudar y liberar a Su pueblo.

De esta manera el creyente reposará sobre la voluntad de Dios para ayudarlo, porque él no solamente ha aprendido de las Escrituras lo amable, bueno, misericordioso y fiel que es Dios, sino que también ha visto en la Palabra de Dios cómo Él ha demostrado serlo en una gran variedad de casos.

Y la consideración de esto, si Dios se ha dado a conocer mediante la oración y la meditación en Su propia Palabra, nos llevará a conducirnos con una medida de confianza para descansar en Él, y por lo tanto la lectura de la Palabra de Dios, junto con la meditación en él, será un medio especial para fortalecer nuestra fe.

b) Como con referencia al crecimiento de cada gracia del Espíritu, es de la mayor importancia que busquemos mantener un corazón recto y una buena conciencia, y por lo tanto, no nos entreguemos consciente y habitualmente a aquellas cosas que son contrarias a la mente de Dios. Así también es particularmente el caso con referencia al crecimiento en la fe. ¿Cómo puedo seguir teniendo fe en Dios en lo que concierne a cualquier situación si habitualmente lo estoy entristeciendo, y le resto valor a la gloria y el honor de Aquel en quien profeso confiar, de quien profeso depender?

Toda mi confianza en Dios, toda mi inclinación hacia Él en la hora de la prueba se habrá ido si tengo una conciencia culpable y no trato de olvidar esa conciencia culpable, sino que continúo haciendo las cosas que son contrarias al pensamiento de Dios. Y si en algún caso particular no puedo confiar en Dios debido a la conciencia culpable, entonces mi fe se debilita por esa situación de desconfianza; porque con cada prueba nueva la fe aumenta al confiar en Dios, y así obtiene ayuda, o disminuye al no confiar en Él. Y luego, como resultado, hay cada vez menos poder de mirar sencilla y directamente a Él, y se engendra o fomenta el hábito de la autodependencia.

Uno u otro de estos siempre será el caso en cada caso particular. O confiamos en Dios, y en ese caso no confiamos en nosotros mismos, ni en nuestros semejantes, ni en las circunstancias, ni en nada más; o decidimos en cambio confiar en uno o más de estos, y en ese caso NO confiamos en Dios.

3. Si realmente deseamos que nuestra fe se fortalezca, no debemos dejar de lado las oportunidades en las que nuestra fe pueda ser probada, y, por lo tanto, a través de la prueba, ser fortalecida. En nuestro estado natural, no nos gusta tratar solo con Dios. A través de nuestra enajenación natural de Dios, nos alejamos de Él y de las realidades eternas. Esto se adhiere a nosotros incluso después de nuestra regeneración. Incluso como creyentes tenemos la misma reticencia de depender sólo de Él, de mirar solo a Él; y sin embargo, esta es la posición misma en la cual deberíamos estar si deseamos que nuestra fe se fortalezca.

Cuanto más me encuentre en condiciones de ser probado en la fe en relación con mi cuerpo, mi familia, mi servicio al Señor, mis asuntos, etc., más tendré oportunidad de ver la ayuda y la liberación de Dios; y cada nueva instancia en la cual Él me ayude y me da solución dará como resultado el aumento de mi fe. Por esa razón, por lo tanto, el creyente no debe apartarse de esas situaciones, posiciones y circunstancias en las que su fe puede ser probada; sino al contrario, debería aceptarlas alegremente como oportunidades donde él puede ver la mano de Dios extendida a su favor, para ayudarlo y liberarlo, y por medio de la cual poder fortalecer su fe.

    4. El último punto importante para el fortalecimiento de nuestra fe es que dejemos que Dios obre a nuestro favor. Cuando venga la hora de la prueba de nuestra fe, no nos afanemos para encontrar una salida por nuestra propia cuenta. Dondequiera que Dios ha dado fe, se da, entre otras razones, con el mismo propósito de ser probada.

Por muy débil que sea nuestra fe, en algún momento Dios la probará. Pero debemos recordar que Él nos conduce suave, gradual, pacientemente. Al principio nuestra fe será probada muy poco en comparación con lo que podamos experimentar después, porque Dios nunca pone más sobre nosotros de lo que Él está dispuesto a permitirnos soportar. Ahora, cuando la prueba de la fe llega, nos inclinamos naturalmente a desconfiar de Dios, y confiar más bien en nosotros mismos, en nuestros amigos o en las circunstancias.

Preferiremos obrar para liberarnos nosotros mismos de alguna u otra manera, más que simplemente mirar a Dios y esperar Su ayuda. Pero si no esperamos pacientemente la ayuda de Dios, si buscamos nosotros mismos una solución, entonces en la próxima prueba de nuestra fe todo volverá a ser igual, volveremos a inclinarnos a liberarnos nosotros mismos; y así con cada nueva instancia de este tipo, nuestra fe disminuirá, mientras que, por el contrario, si nos quedáramos quietos para ver la salvación de Dios, para ver Su mano extendida a nuestro favor, confiando sólo en Él, entonces nuestra fe se incrementará, y con cada nueva ocasión en que la mano de Dios se extienda a nuestro favor en la hora de la prueba de nuestra fe, nuestra fe aumentaría aún más.

Por lo tanto, si como creyente realmente quiere fortalecer su fe, debe darle tiempo a Dios para que pruebe su fe, con el fin de que Él le demuestre cuán dispuesto está a ayudarlo y liberarlo en el momento en que es bueno para usted."

En los primeros años de la Institución, el Sr. Müller y sus compañeros de labor tuvieron que soportar muchas pruebas severas de fe, como lo demuestran algunos de estos ejemplos.

Cuando escribe acerca de este período, el Sr. Müller dice lo siguiente:

"Aunque ahora (julio de 1845) y durante aproximadamente siete años nuestros fondos han estado tan agotados, y ha sido un caso raro que haya habido medios disponibles para satisfacer las necesidades de más de 100 personas durante tres días seguidos; sin embargo sólo una vez he sido probado en espíritu, y eso fue el 18 de septiembre de 1838, cuando por primera vez el Señor parecía no considerar nuestra oración. Pero cuando envió ayuda en esa oportunidad, y vi que nuestra situación era tan crítica sólo para la prueba de nuestra fe, y no porque Él haya abandonado la obra, mi alma se fortaleció y estimuló tanto que no sólo no se me ha permitido desconfiar del Señor, sino que desde ese momento ni siquiera me he sentido abatido cuando me he encontrado en la pobreza más profunda."

Un Regalo de £12

"20 de agosto de 1838. Las 5 libras (USD $800) que había recibido el día 18 habían sido entregadas para el mantenimiento de la casa, por lo que hoy estaba otra vez sin un centavo. Pero mis ojos estaban puestos en el Señor. Me dediqué a la oración esta mañana, sabiendo que necesitaría, de nuevo, al menos £13 para esta semana (USD $2,100). Hoy recibí £12 (USD $1,930) en respuesta a la oración, de una señora que se queda en Clifton, a quien nunca he visto antes. Señor, digno de adoración, concédeme que esto sea un nuevo estímulo para mí."

Una Crisis Solemne

Con respecto a uno de los momentos de prueba más difíciles, el Sr. Müller escribe:

"10 de septiembre de 1838, lunes por la mañana. Ni el sábado ni ayer entró dinero. Me pareció que ahora era necesario dar algunos pasos a causa de nuestra necesidad, es decir, ir a las Casas de Huérfanos, juntar a los hermanos y hermanas (a quienes, excepto al hermano T—, nunca se les había informado sobre el estado de los fondos), explicarles el caso, ver cuánto dinero se necesitaba para el presente, decirles que, en medio de toda esta prueba de fe, todavía creía que Dios me ayudaría, y orar con ellos. También quise ir especialmente por el simple hecho de decirles que no se debían comprar más artículos de los que podíamos pagar, sin que les falten a los niños el alimento nutritivo y la vestimenta. Quería ir también para ver si todavía quedaban artículos que habían sido enviados con el propósito de ser vendidos, o si había mercadería realmente innecesaria que podríamos cambiar por dinero. Sentí que el asunto ahora había llegado a ser una crisis solemne.

Alrededor de las nueve y media de la mañana llegaron seis peniques (unos cuatro dólares) que habían sido colocados de forma anónima en la caja en la Capilla Gideon. Este dinero me pareció como una promesa de Dios, como para que supiéramos que Él tendría compasión y enviaría más. Alrededor de las diez, después de regresar de lo del hermano Craik, a quien había abierto nuevamente mi corazón, mientras me encontraba una vez más en oración pidiendo ayuda, vino una hermana y le dio dos soberanos (unos 322 dólares) a mi esposa para los huérfanos, declarando que se había sentido impulsada a venir y que se había retrasado en venir demasiado tiempo.

Unos minutos después, cuando entré a la habitación donde ella estaba, ella me dio dos soberanos (322 dólares) más, y todo esto sin saber lo más mínimo sobre nuestra necesidad. Por lo tanto, el Señor misericordiosamente nos ha enviado un poco de ayuda, para gran aliento de mi fe. Unos minutos después me llamaron para pedir dinero para la Casa de Huérfanos Infantiles, a la que envié £2 (322 dólares y £1 0s. 6d. (ciento sesenta y cuatro dólares) a la Casa de Huérfanos de los Niños, y £1 (160 dólares) a la Casa de Huérfanos de las Niñas."

Una Entrega Preciosa

"17 de septiembre de 1838. La prueba aún continúa. A medida que cada día amanece, ahora es cada vez más difícil, incluso para la fe. Pero sé que verdaderamente el Señor tiene propósitos sabios al permitirnos pedirle ayuda durante tanto tiempo. Estoy seguro de que Dios enviará ayuda si tan sólo podemos esperar. Uno de los trabajadores había recibido un poco de dinero del cual dio 12s. 6d, (USD $100), otro trabajador dio 11s. 8d. (USD $82), siendo todo el dinero que tenía. De esta manera con este dinero se nos permitió pagar lo que se debía pagar y comprar provisiones, de modo que nada, de ninguna manera, nos faltó.

Esta tarde yo estaba bastante cansado con respecto a la larga demora que toman en llegar las grandes sumas, pero al ser guiado a leer las Escrituras por consuelo mi alma se renovó mucho y mi fe se fortaleció nuevamente por el Salmo 34, así que fui muy alegremente para reunirme con mis queridos compañeros de trabajo para la oración. Les leí el Salmo y busqué animar sus corazones a través de las preciosas promesas contenidas en él.

18 de septiembre. El hermano T. tenía 25 chelines (197 dólares) en la mano, y yo tenía 3 (24 dólares). Este monto nos permitió comprar la carne y el pan que era necesario, un poco de té para una de las casas y leche para todos, no nos hace falta más. Así el Señor ha provisto no solo para este día, sino para dos días más, porque hay suficiente pan.

Ahora, sin embargo, hemos llegado a un extremo. Los fondos están agotados. Los obreros que tenían un poco de dinero han dado tanto como les quedaba. Ahora bien, ¡observe cómo el Señor nos ayudó! Una señora del barrio de Londres, que trajo un paquete con dinero de su hija, llegó hace cuatro o cinco días a Bristol y se alojó al lado de la Casa de Huérfanos de los Muchachos. Esta tarde, ella misma amablemente me trajo el dinero, que asciende a la suma de £3 2s. 6d (USD $507).

Habíamos sido reducidos tan bajo como para estar a punto de vender esas cosas de las cuales podríamos dispensar, pero esta mañana le había pedido al Señor si fuera posible evitar deshacernos de esas cosas. Que el dinero hubiera estado tan cerca de las Casas de Huérfanos varios días sin ser entregado es una clara prueba de que estaba, desde el principio, en el corazón de Dios ayudarnos; pero debido a que Él se deleita en las oraciones de Sus hijos, nos permitió orar tanto tiempo y también probar nuestra fe y hacer que la respuesta sea mucho más dulce.

Ciertamente, es una respuesta (liberación) preciosa. Después de haber recibido el dinero irrumpí en grandes alabanzas y agradecimiento apenas me encontré a solas. Luego me reuní con mis compañeros de trabajo nuevamente esa noche para orar y alabar; ellos estaban muy animados. Este dinero fue dividido esta tarde, y proporcionará cómodamente todo lo que se necesitará mañana."

2

LAS NUEVAS CASAS HUÉRFANAS EN ASHLEY DOWN

En octubre de 1845 se recibió una queja de un caballero, constatando de que algunos de los habitantes de la calle Wilson sufrían molestias debido a que las Casas de Huérfanos se encontraban en esa calle. El señor Müller finalmente decidió, por esa y otras razones, después de mucha oración y meditación, construir una casa de huérfanos en otro lugar para dar cabida a 300 niños, y comenzó a pedirle al Señor los medios para hacerlo:

"31 de enero de 1846. Han pasado 89 días desde que empecé a esperar diariamente en Dios por la construcción de una Casa de Huérfanos. El tiempo me parece ahora cercano cuando el Señor nos dará una parcela de tierra, y se lo dije a los hermanos y hermanas esta tarde, después de nuestra reunión de oración habitual de los sábados en las Casas de los Huérfanos.

1 de febrero. Una viuda pobre envió hoy día 10 chelines (USD $80).

2 de febrero. Hoy oí hablar de tierras adecuadas y baratas en Ashley Down.

3 de febrero. Vi la tierra. Es la más deseable de todas las que he visto. Se colocó un soberano (160 dólares) anónimamente en una caja de huérfanos en mi casa, en una hoja de papel, en la que estaba escrito: Para la nueva Casa de Huérfanos.

4 de febrero. Esta noche fui a la casa del propietario de la parcela en Ashley Down, de la cual me informaron el día 2, pero él no estaba en casa. Sin embargo, como me informaron que lo podía encontrar en su casa de negocios, fui allí, pero tampoco lo encontré allí pues justo había salido. Podría haber ido nuevamente a su residencia a una hora posterior, ya que uno de los sirvientes me había dicho que estaría seguramente en casa a eso de las ocho, pero no lo hice, juzgando que Dios tendría

un propósito al no encontrarlo en ninguno de los dos lugares, y me pareció que lo mejor era no forzar el asunto, sino 'dejar que la paciencia tenga su trabajo perfecto'.

5 de febrero. Vi esta mañana al dueño de la parcela. Me dijo que se había despertado a las tres de esta mañana y no había podido volver a dormir hasta las cinco. Me contó que mientras permaneció despierto su mente estuvo todo el tiempo ocupada sobre la parcela de tierra, respetando la consulta que se había hecho de ella para la construcción de una casa de huérfanos a petición mía, y él determinó que, si yo lo solicitaba, no solo me dejaría comprarla, sino que me la vendería a £120 (USD $19,377) por acre en lugar de £200 (USD $32,293), el precio que estaba pidiendo. ¡Qué bueno es el Señor! El acuerdo fue hecho esta mañana, y compré un campo de casi siete acres (28.328 m2), a £120 por acre.

¡Observe la mano de Dios al no encontrar al dueño en casa la última noche! El Señor quería hablar primero con él sobre este asunto, durante una noche de insomnio, y llevarlo a decidir plenamente antes de que yo lo viera."

"A Causa de su Insistencia"

"19 de noviembre, 1846. Ahora me siento cada vez más obligado a pedir al Señor que me envíe los medios necesarios para poder comenzar el edificio. Porque:

1. Ya hace tiempo que se ha publicado de forma impresa, aunque reconozco que no es sin fundamento, que algunos de los habitantes de Wilson Street están molestos por las Casas de Huérfanos que se encuentran en esa calle, y por tanto deseo poder sacar a los huérfanos de allí tan pronto como sea posible.
2. Estoy cada vez más convencido de que sería beneficioso para los niños, tanto física como moralmente, con la bendición de Dios, estar en la nueva casa que se piensa construir para ellos.
3. Y porque el número de huérfanos muy pobres e indigentes que están esperando la admisión es tan grande y constantemente se hacen nuevas aplicaciones.

Si bien por la gracia de Dios yo no desearía que el edificio comenzara un solo día antes de lo que sea Su voluntad; y aunque creo firmemente que Él me dará, en Su tiempo oportuno, cada chelín que necesito; también sé que se deleita en ser sinceramente suplicado, y que se complace en la persistencia de la oración y en su insistencia, lo que tan claramente se puede ver en la parábola de la viuda y el juez injusto, en Lucas 18:1-8.

Por estas razones me volví a dedicar especialmente a la oración anoche, para que el Señor enviara más medios, siendo especialmente guiado a hacerlo, además de las razones anteriores, porque había entrado muy poco desde el 29 del mes pasado. Esta mañana, entre las cinco y las seis, oré de nuevo, entre otros puntos, sobre el Fondo de Construcción, y luego pasé un tiempo largo en la lectura de la Palabra de Dios. En el transcurso de mi lectura llegué a Marcos 11:24, que dice: 'Por tanto, os digo que todo lo que pidiereis orando, creed que lo recibiréis, y os vendrá.'

A menudo he reconocido la importancia de la verdad contenida en esta porción y hasta ha sido el tema de mi prédica; pero esta mañana la sentí de nuevo de manera muy particular, y, aplicándola a la Nueva Casa de Huérfanos, le dije al Señor: 'Señor, creo que me darás todo lo que necesito para este trabajo. Estoy seguro de que lo tendré todo, porque creo que lo recibo en respuesta a mi oración.' Por lo tanto, con el corazón lleno de paz con respecto a este asunto, puedo decir que pasé al capítulo siguiente.

Después de la oración familiar volví a tener mi tiempo habitual de oración con respecto a todas las áreas del trabajo y sus diversas necesidades, pidiendo también por bendiciones para mis compañeros de trabajo, sobre la circulación de Biblias y tratados y sobre las almas preciosas en la Escuela de Adultos, las Escuelas Dominicales, las Escuelas de los Seis Días y las cuatro Casas de Huérfanos. En medio de todas las muchas cosas, hice nuevamente mis peticiones sobre los recursos para el Edificio. Y ahora observe: unos cinco minutos después de haberme levantado de mis rodillas me dieron una carta certificada que contenía un cheque por £300 (USD $48,112), de los cuales £280 (USD $ 44,660) son para el Fondo de Construcción, £10 (USD $ 1,600) para mis propios gastos personales, y £10 (USD $1,600) para el hermano Craik. El santo nombre del Señor sea alabado por este valioso estímulo, por el cual el Fondo de Construcción ahora se incrementa a más de seis mil libras (962.450 dólares)."

La Primera Casa de Huérfanos del Señor Müller

"25 de enero de 1847. La temporada del año se acerca cuando se puede comenzar la construcción. Por lo tanto, con mayor seriedad me he entregado a la oración, importunando al Señor para que esté complacido de acceder a nuestro favor y rápidamente enviar el resto de la cantidad que se requiere, y cada vez más he sentido que el tiempo se acerca cuando el Señor me dará todo lo que sea necesario para comenzar la construcción. Todos los diversos argumentos que a menudo he traído ante Dios, traje esta mañana otra vez ante Él.

Ya son 14 meses y 3 semanas, que día tras día he pronunciado mis peticiones a Dios en nombre de este trabajo. Me levanté de rodillas esta mañana con plena confianza, no sólo que Dios podría, sino que también enviaría los medios, y pronto. Nunca, durante todos estos 14 meses y 3 semanas, he tenido la menor duda de que tendría todo lo que es necesario. Y ahora, querido lector creyente, regocíjate y alaba conmigo. Alrededor de una hora después de que yo haya orado así, me dieron la suma de dos mil libras (322.930 dólares) para el Fondo de Construcción. Por lo tanto, he recibido un total de £9,285 3s. 9½d (1.123.485 dólares) para este trabajo.

No puedo describir la alegría que tuve en Dios cuando recibí esta donación. Sólo por haberlo experimentado es que se puede conocer ese sentimiento. Cuatrocientos cuarenta y siete días, día tras día he tenido que esperar en Dios, antes de que alcanzáramos la suma mencionada. Cuán grande es la bendición que obtiene el alma por confiar en Dios y por esperar pacientemente. ¿No es manifiesto lo precioso que es llevar a cabo el trabajo de Dios de esta manera, incluso cuando se trata de la obtención de recursos?

El monto total que ingresó para el Fondo de Construcción fue de £15,784 18s. 10d (2.533.702 dólares)."

Casas de Huérfanos 2 y 3

"12 de marzo de 1862. Fue en noviembre de 1850 cuando mi mente se concentró en ampliar la obra con los huérfanos y pasar de tener 300 a 1000 huérfanos, para posteriormente llegar a 1150, y fue en junio de 1851 cuando se conoció mi propósito, habiéndolo mantenido en secreto durante más de siete meses, mientras oraba día a día.

Desde finales de noviembre de 1850 hasta el día de hoy, 12 de marzo de 1862, no permití que pase ni un solo día sin que se haya elevado la petición ante Dios en oración por la ampliación, y generalmente más de una vez al día. Pero sólo ahora, este día, la Nueva Casa de Huérfanos N.º 3 estaba tan avanzada que podía abrirse.

Observa primero, estimado lector, todo el tiempo que puede tardar antes de que se otorgue una respuesta completa a nuestras oraciones, y puede incluir miles y decenas de miles de oraciones. Sí, aunque esas oraciones pueden ser oraciones hechas en fe, oraciones fervientes ofrecidas en el nombre del Señor Jesús, y aunque deseemos la respuesta solo por el honor de nuestro Señor, debemos aprender a esperar.

Porque por la gracia de Dios, tuve que esperar sin la menor duda ni vacilación durante más de once años para la respuesta completa; y solo busqué en este asunto la gloria de Dios."

Orando Tres Veces Diariamente por Ayudantes

"Como en el caso de la Casa N.° 2, también en el caso de la Nueva Casa de Huérfanos N.° 3 había orado diariamente por los ayudantes y asistentes necesarios para los diversos departamentos. Antes de poner la primera piedra recuerdo que ya había comenzado a orar por esto, y a medida que avanzaba el edificio continué día tras día trayendo este asunto ante Dios, sintiéndome seguro de que, como en todo lo demás, también en este particular estaría complacido de actuar a nuestro favor y ayudarnos, ya que todo el trabajo está destinado a Su honor y gloria.

Por fin se acercaba el momento en que se podía abrir la casa y, por lo tanto, se acercaba el momento en que debían considerarse las solicitudes para llenar los diversos cargos, que se habían hecho por escrito hacía ya más de dos años antes. Ahora, sin embargo, se descubrió que, aunque se habían presentado unas 50 solicitudes para las diversas vacantes, algunos lugares ya no se podían cubrir, bien porque las personas que habían presentado la solicitud ahora estaban casadas o porque en el momento del examen no cumplían los requisitos. Esta no fue una pequeña prueba de fe, porque día tras día, durante años, le había pedido a Dios que me ayudara en este particular -como lo había hecho en el caso de la Nueva Casa de Huérfanos N° 2- y esperaba confiadamente la ayuda necesitada, y sin embargo, ahora, cuando parecía necesitar ayuda, faltaba. ¿Qué debía hacerse ahora, querido lector? ¿Hubiera sido correcto acusar a Dios de infidelidad? ¿Hubiera sido correcto desconfiar de Él? ¿Hubiera sido correcto decir que es inútil orar? De ninguna manera.

Por el contrario, le di las gracias a Dios por toda la ayuda que me había dado en relación con toda la ampliación. Le agradecí por permitirme superar tantas y tan grandes dificultades; le di las gracias por los ayudantes que me había dado para la Casa N.° 2; también le di las gracias por los ayudantes que me había dado ya por la Casa N.° 3; y en lugar de desconfiar de Dios, consideré este retraso de la respuesta completa a la oración solo como una prueba de fe, y por lo tanto, resuelto que, en lugar de orar una vez al día con mi querida esposa sobre este asunto, como lo habíamos estado haciendo día tras día durante años, ahora deberíamos reunirnos diariamente tres veces al día para llevar esto ante Dios.

También presenté el asunto en el trabajo ante todo el personal de mis ayudantes, solicitando sus oraciones. Es así que ahora he continuado durante aproximadamente cuatro meses más en oración, día tras día recurriendo a Dios tres veces a causa de esta necesidad, y el resultado ha sido que se ha presentado un obrero tras otro, sin que la ayuda llegue demasiado tarde, o que el trabajo entre en confusión; o la recepción de los niños se vea obstaculizada; y estoy completamente seguro de que los pocos obreros que todavía se necesitan también serán encontrados, cuando realmente se requieran."

Dificultades Eliminadas después de Oración y Paciencia

El Sr. Müller relata los siguientes incidentes relacionados con la compra del terreno para la Cuarta y Quinta Casas de Huérfanos, después de recibir cinco mil libras (unos 800,000 dólares) para el Fondo de Construcción:

"Tenía ahora, por medio de todo lo que había entrado desde el 26 de mayo de 1864, incluida esta última donación, más de veintisiete mil libras (unos 4,321,000 dólares) en la mano. Había esperado pacientemente el tiempo de Dios. Había decidido no hacer nada hasta que tuviera la mitad de la suma necesaria para las dos casas. Pero ahora, teniendo más de dos mil libras (320,000 dólares) por encima de la mitad, sentí, una vez más buscando consejo de Dios, mucha felicidad de poder tomar medidas para la compra de una parcela de tierra.

Mis ojos habían sido dirigidos durante años a una hermosa parcela de tierra que estaba separada por la carretera de peaje del terreno sobre el cual se erigía la Nueva Casa de Huérfanos N.º 3. La tierra tiene aproximadamente 18 acres (72.843 m2), con una casa pequeña y letrinas construidas en uno de sus extremos. Cientos de veces había orado, en los últimos años, que Dios, por el amor a Jesús, me considerara digno de ser elegido para erigir en este terreno dos Casas de Huérfanos más; y cientos de veces había contemplado esa tierra, orando por ella a diario.

Pude haberla comprado hace años, pero eso habría significado ir por delante del Señor. Hacía años que tenía dinero suficiente para haberla pagado. Pero yo deseaba pacientemente y sumisamente, esperar el tiempo apropiado de Dios, y para que Él marcara clara y específicamente que había llegado Su hora, y que yo había dado el paso de acuerdo a Su voluntad; porque por todo lo que aparentemente podría lograr, si el trabajo era mío y no del Señor, no podría esperar ninguna bendición. Pero ahora la voluntad del Señor estaba claramente manifiesta. Tenía dinero suficiente para pagar la tierra y construir una casa, y por eso seguí adelante. Después de haberle pedido una vez más la guía al Señor, y estando seguro de que era Su voluntad, debía tomar medidas activas.

Lo primero que hice fue ver al agente inmobiliario que trabajaba para el dueño del terreno y preguntarle si el terreno estaba a la venta. Él respondió que sí, pero que se había rentado hasta el 25 de marzo de 1867. Dijo que averiguaría por el precio. Aquí se presentó una gran dificultad, ya que la tierra no estaría disponible por otros dos años y cuatro meses, mientras que me sería beneficioso poder tomar posesión de ella en unos seis meses, a saber, tan pronto se completara el traspaso, y los planos estuvieran listos para la Nueva Casa de Huérfanos N.º 4, y se hagan los arreglos con los contratistas.

Pero no me desanimé por esta dificultad, porque esperaba, mediante la oración, hacer arreglos buenos y satisfactorios con el inquilino, dispuesto a darle una compensación justa por irse antes de que expirara su tiempo. Sin embargo, antes de que tuviera tiempo de ver este asunto, se presentaron otras dos grandes dificultades: la primera fue que el propietario pidió 7.000 libras (1.120.000 dólares) por la tierra, lo que a mi juicio era considerablemente más que su valor; y el otro asunto fue que escuché que la Bristol Waterworks Company (Compañía de Agua de Bristol) pretendía hacer un depósito adicional para su compañía en esta misma tierra y obtener una Ley del Parlamento aprobada a tal efecto.

Haga una pausa aquí por unos momentos, estimado lector. Ha visto cómo el Señor me trajo hasta aquí con respecto a los recursos monetarios, y que hasta ahora me sentía justificado para seguir adelante, y puedo añadir que fui llevado a este punto como el resultado de miles de veces de oración con respecto a este objetivo, y que había, también, muchos cientos de niños esperando la admisión. Sin embargo, aún después de que el Señor mismo nos había favorecido tan manifiestamente mediante la donación de £5,000 (800,000 dólares), Él permitió que este aparente golpe de muerte cayera sobre todo el proyecto.

Pero así me ha sucedido cientos de veces desde que conozco al Señor. Las dificultades que a Él le complace permitir que surjan solo están permitidas, en tales circunstancias, para el ejercicio de nuestra fe y paciencia; y para que aprendamos que más oración, más paciencia y el ejercicio de nuestra fe eliminarán las dificultades. Ahora bien, como el Señor bien conocía, estas dificultades no eran dificultades insuperables para mí, porque confiaba en Él de acuerdo con esa palabra: «Jehová será refugio del pobre, refugio para el tiempo de angustia. En ti confiarán los que conocen tu nombre, por cuanto tú, oh Jehová, no desamparaste a los que te buscaron.» (Salmos 9:9,10).

Por lo tanto, me dediqué fervientemente a orar sobre todas estas tres dificultades especiales que habían surgido con respecto a la tierra. Oraba varias veces al día sobre el asunto, y utilicé los siguientes medios:

1. Fui a ver el Comité Interino de los directores de la Bristol Waterworks Company con respecto al embalse que tenían previsto levantar en el terreno que estaba yo a punto de comprar, y les dije lo que había visto impreso con respecto a sus intenciones. Cortésmente me dijeron que sólo se requeriría una pequeña porción de la tierra, no lo suficiente como para interferir con mi propósito; y que, si se pudiera evitar, incluso esta pequeña porción no la tomarían.
2. Una vez solucionado esto, y después de muchas oraciones, fui entonces a ver al inquilino, porque deseé como cristiano, que, si se comprara esta tierra, se hiciera bajo circunstancias amistosas con respecto a él. En la primera entrevista le expresé mis intenciones al mismo tiempo que expresé mi deseo de que el asunto se resolviera de manera agradable con respecto a él mismo. Dijo que consideraría el asunto y que deseaba unos días para tal fin. Después de una semana lo volví a ver, y él amablemente me dijo que, como la tierra era deseada para un buen fin, él no se interpondría en mi camino; pero como él había invertido bastante en la casa y en la tierra, esperaba una compensación por dejar la propiedad antes de que se le acabara el tiempo. Como yo, por supuesto, estaba dispuesto a dar una compensación justa y razonable, consideré que esta era una respuesta muy valiosa a la oración.
3. Ahora entré en la tercera dificultad, el precio de la tierra. Sabía muy bien cuánto valía la tierra para la Institución de los Huérfanos; pero su valor para la Institución no era el valor de mercado. Me di, por lo tanto, día a día a la oración, pidiendo que el Señor obligara al dueño a aceptar una suma considerablemente inferior a la que él había propuesto.

Al reunirme con él le indiqué por qué no valía tanto como él pedía. Al final, consintió en tomar £5,500 (USD $881,950) en lugar de £7,000 (USD $1,120,000) y acepté la oferta; porque sabía que por el carácter llano de la tierra deberíamos ahorrar una suma considerable para las dos casas, y que por la nueva alcantarilla corriendo bajo la carretera de peaje cerca del campo, que solo unos meses antes había sido completada, sería un beneficio considerable. Además de estos dos puntos que tuve que tomar en cuenta, estaba el hecho de que era factible obtener gas de Bristol, y así tendría el mismo beneficio que las otras tres casas que ya estaban en funcionamiento.

Y, por último, el punto más importante de todo, la cercanía de esta parcela de tierra a las otras tres casas, de modo que todo podría estar fácilmente bajo la misma dirección y supervisión. De hecho, ninguna otra parcela de tierra, cercana o lejana, nos ofrecería tantas ventajas como este lugar, que el Señor tan amablemente nos había dado. Una vez que todo se resolvió, procedí a transmitir la tierra a los mismos fideicomisarios que teníamos para las Nuevas Casas de Huérfanos N°1, N°2 y N°3.

De modo que he hablado minuciosamente sobre estos diversos asuntos para alentar al lector: No te desanimes por las dificultades, por grandes, muchas y variadas que sean, sino ríndete a la oración, confiando en el Señor por ayuda, sí, esperando ayuda certera, la cual, en Su propio tiempo y modo, Él ciertamente concederá."

Las Casas 4 y 5

"5 de marzo de 1874. Ambas casas, N.º 4 y N.º 5, han estado operando durante años. La N.º 4 desde noviembre de 1868 y la N.º 5 desde el comienzo del año 1870, y más de 1,200 huérfanos ya han sido recibidos en ellas, y mes tras mes se reciben más, ya que los huérfanos son enviados desde ellas como aprendices o sirvientes. Además, se han podido pagar todos los gastos relacionados con su construcción, montaje y amueblamiento según surgieron las demandas y, después de que todo se pagó, se dejó un saldo de varios miles de libras que se está usando para mantener las casas en reparación.

Puede ver, estimado lector, cuán abundantemente Dios ha respondido nuestras oraciones. Y claramente se ve que no nos equivocamos al haber buscado pacientemente y en oración el determinar Su voluntad. Anímate, por lo tanto, aún más y más a confiar en el Dios viviente."

3

PRECIOSAS RESPUESTAS A LA ORACIÓN

Dios ayudó de manera notable al Sr. Müller, tal y como lo demuestran «The Narratives» (Las Narrativas):

El Primer Regreso del Artista

"30 de abril de 1859. Recibí la siguiente carta desde una distancia considerable:

Mi querido Hermano cristiano, soy el esposo de la Sra. —·, quien te envía por este mensaje los dos soberanos. ¿Cómo podemos deshacernos mejor de esta reliquia de afectuosos recuerdos que depositarla en el banco de Cristo? Él es quien siempre paga el mejor interés, y nunca falla. Ahora, mi mejor consejero espiritual, no puedo expresarte la gran alegría que siento al relatar lo que sigue. Soy un artista, un artista pobre, un pintor de paisajes.

Hace unas dos semanas envié un cuadro a Bristol para su exhibición, justo cuando terminé el libro que nos prestó. Le pedí humilde y fervientemente a Dios que me permitiera, mediante la venta de mi cuadro de Bristol, tener el bendito privilegio de enviarle la mitad de los ingresos. El precio del cuadro es de £20 (USD $ 3,200). Ahora, toma nota de esto. Apenas abierta la exposición, e inmediatamente, Dios, en su misericordia, consciente de mi oración, me envía un comprador. He expuesto en Bristol antes, pero nunca vendí un cuadro. ¡Oh! mi querido amigo, mi corazón salta de alegría. Nunca antes he estado tan cerca de Dios.

A través de su instrumentalidad he sido capacitado para acercarme a Dios con más seriedad, más fe y más deseos santos. Este es la primera remuneración por todo el trabajo de mi último año con la cual Dios me ha bendecido. ¡Qué bendición obtenerlo de esta manera! ¡Oh, con qué alegría al leer tu libro!

El cuadro del que hablo se exhibe ahora en la academia de artes de Clifton, numerada en el Catálogo —, el título es —. No puedo pagarle hasta el cierre de la exposición, ya que no me pagarán hasta entonces, etc.

"Cartas como esta he tenido miles durante los últimos 40 años."

El Viento del Norte Cambia a Viento Sur

"Fue a finales de noviembre de 1857 cuando inesperadamente me informaron que la caldera de nuestro aparato de calefacción en el N.º 1 tenía una pérdida considerable, por lo que sería imposible atravesar el invierno con tal desperfecto. Nuestro aparato de calefacción consiste en una gran caldera de forma cilíndrica, dentro de la cual se mantiene el fuego y con la cual se conectan las tuberías de agua que calientan las habitaciones. También se conecta aire caliente con este aparato. La caldera se consideró adecuada para el invierno. Sospechar que estaba desgastada y no hacer nada para reemplazarla por una nuevo diciendo confiaré en Dios al respecto, sería una presunción ligera, pero no fe en Dios. Sería la falsificación de la fe.

La caldera está completamente rodeada de ladrillos, por lo tanto su estado real no podría conocerse sin derribar la obra de albañilería, lo cual, de ser innecesario, sería perjudicial para la caldera. Durante ocho inviernos no tuvimos dificultades de esta índole y no lo habíamos anticipado sino hasta ahora. Pero de repente, y lo más inesperado, ocurrió esta dificultad justo al comenzar el invierno. ¿Qué debía hacerse entonces? Me sentía profundamente preocupado por los niños, especialmente por los más pequeños, para que no sufran por falta de un ambiente cálido.

Pero, ¿cómo íbamos a obtener calor? El trabajo de instalar una nueva caldera tomaría, con toda probabilidad, muchas semanas. La reparación de la caldera era un asunto muy cuestionable debido al hecho de que estaríamos sin calefacción por varios días; pero nada podría determinarse hasta que la cámara de ladrillo en la que está encerrada sea tirada abajo, al menos en parte. Sabíamos que ese trabajo podría tomar días, pero ¿qué se debía hacer mientras tanto para tener habitaciones cálidas para 300 niños?

Naturalmente, se me ocurrió introducir calefactores de gas temporales; pero al sopesar el asunto se descubrió que no podíamos calentar nuestras grandes habitaciones con gas, a menos que tuviéramos muchas estufas, que no podíamos usar, ya que no teníamos una cantidad suficiente de gas disponible debido a los aparatos de iluminación. Además, para cada una de estas estufas necesitábamos una pequeña chimenea con el fin de deshacernos del aire impuro. Este modo de calentamiento, por lo tanto, aunque es aplicable a una sala, una escalera o una tienda, no sería adecuado para nuestro propósito.

También pensé en el uso temporal de las estufas de Arnott; pero hubieran sido inadecuados, pues requerían de largas chimeneas saliendo de las ventanas. La cosa es que por ser una dudosa respuesta a nuestro problema y por tener que modificar las habitaciones, decidí también renunciar a ese plan.

Pero, ¿qué se iba a hacer? Con gusto habría pagado £100 (USD $16,000) si con eso la dificultad hubiera podido ser superada y los niños no estuvieran expuestos a sufrir en cuartos fríos durante tantos días. Finalmente decidí caer completamente en las manos de Dios, que es muy misericordioso y de tierna compasión, y decidí abrir la cámara de ladrillo para ver la extensión del daño. Necesitaba saber si la caldera podría ser reparada y de esa manera sostenernos durante el invierno.

Se determinó el día cuando los obreros vendrían, y se hicieron todos los arreglos necesarios. El fuego, por supuesto, tuvo que ser apagado mientras se llevaban a cabo las reparaciones. Pero ahora vea lo que sucedió. Después de que se fijó el día para la reparación, un sombrío viento del norte empezó a soplar. Comenzó el jueves o el viernes antes del miércoles por la tarde, cuando se iba a apagar el fuego. Llegó el primer frío de ese invierno que acababa de comenzar, durante los primeros días de diciembre. ¿Qué hacer? Las reparaciones no podían posponerse. Le pedí al Señor dos cosas, a saber, que le complacería cambiar el viento del norte por un viento del sur, y que Él les daría a los obreros 'una disposición para trabajar', porque recordé cuánto logró Nehemías en 52 días mientras construía los muros de Jerusalén, porque 'la gente tenía la firme intención de trabajar.'

Finalmente llegó el día tan memorable, y la noche anterior el sombrío viento del norte aún soplaba: pero el miércoles sopló el viento del sur: exactamente como yo había pedido en oración. El clima era tan templado que no se necesitaba un fuego. Al quitar los ladrillos la pérdida se descubrió muy pronto, y los fabricantes de calderas comenzaron a reparar el daño de muy buena gana.

Alrededor de las ocho y media de la tarde, cuando volvía a casa, me informaron que el director en funciones de la empresa de fabricantes de calderas había llegado para ver cómo iba el trabajo, para ver si de alguna manera podía acelerar el asunto. Fui inmediatamente, por lo tanto, al sótano, para verlo junto con los hombres, y para tratar de acelerar el negocio. Al ir bajando escuché al director que hablaba con el líder a cargo de los hombres que estaban trabajando, y dijo lo siguiente, para que escucharan los obreros: 'los hombres trabajarán tarde esta noche, y vendrán muy temprano mañana.'

Pero el líder le dijo: 'Preferiríamos, señor, trabajar toda la noche.' Luego recordé la segunda parte de mi oración, en la que le pedía a Dios por los trabajadores, que les diera a los hombres 'una disposición para trabajar.' Así fue que al llegar la mañana siguiente la reparación ya se había llevado a cabo, la pérdida se detuvo, y en aproximadamente 30 horas el enladrillado se volvió a construir nuevamente. Luego se inició el fuego en la caldera, y todo el tiempo el viento del sur sopló tan suavemente, que no hubo la menor necesidad de prenderla.

Aquí, entonces, está una de nuestras dificultades que fue superada por la oración y la fe."

Conversión de los Huérfanos

"26 de mayo de 1860. Día tras día y año tras año, con la ayuda de Dios, trabajamos en oración por el beneficio espiritual de los huérfanos a nuestro cuidado. Estas nuestras súplicas, que han sido traídas por 24 años ante el Señor concerniente a ellos, han sido abundantemente contestadas en años anteriores, cuando vemos la conversión de cientos de ellos. También tuvimos repetidas temporadas en las cuales, en un corto tiempo o incluso todos a la vez, muchos de los Huérfanos fueron salvos. Tal época tuvimos hace unos tres años cuando en unos pocos días unos 60 creyeron en el Señor Jesús, y tales temporadas hemos tenido nuevamente dos veces durante el primer año.

La primera fue en julio de 1859, cuando el Espíritu de Dios actuó tan poderosamente en una escuela de 120 niñas, que más de la mitad fueron objeto de profunda preocupación por la salvación de sus almas. Este trabajo, además, no fue una momentánea emoción, sino que todavía, y después de más de once meses, hay 31 de ellas que tienen plena confianza en cuanto a su conversión, y 32 con una buena medida de confianza, aunque no en la misma medida que las otras 31. Por lo tanto, 63 de los 120 huérfanos en esa escuela se consideran nacidos de nuevo en julio de 1859.

Esta obra bendita y poderosa del Espíritu Santo no se puede remontar a ninguna causa en particular. Sin embargo, fue la respuesta más preciosa a la oración. Como tal, lo consideramos y nos alienta a seguir esperando en Dios.

La segunda temporada de la poderosa obra del Espíritu Santo entre los huérfanos, durante el año pasado, fue a fines de enero y principios de febrero de 1860. Sus particularidades son de sumo interés; pero debo contentarme declarando que esta gran obra del Espíritu de Dios en enero y febrero de 1860 comenzó entre la clase más joven de los niños bajo nuestro cuidado, entre niñas de aproximadamente 6 a 9 años; luego se extendió a las chicas mayores; y luego a los muchachos, de modo que en el lapso de unos 10 días, más de 200 de los huérfanos se despertaron ansiosos por sus almas, y en muchos casos encontraron paz inmediatamente a través de la fe en nuestro Señor Jesús.

De inmediato pidieron que se les permita tener reuniones de oración entre ellos, y han tenido estas reuniones desde ese entonces. Muchos de ellos también manifestaron una preocupación por la salvación de sus compañeros y parientes, y les hablaron o les escribieron sobre la manera de ser salvos."

Los Huérfanos se Hacen Aprendices

"En la primera parte del verano de 1862 se descubrió que teníamos varios niños listos para ser aprendices, pero no hubo solicitudes de maestros para aprendices. Como todos nuestros muchachos son invariablemente enviados hacia el interior como aprendices, esto no fue una pequeña dificultad, porque no solo buscamos maestros cristianos, sino que consideramos sus asuntos y examinamos su posición para ver si son adecuados, y el maestro también debe estar dispuesto a recibir al aprendiz en su propia familia.

En estas circunstancias nuevamente nos entregamos a la oración, tal como lo habíamos hecho durante más de veinte años antes. Decidimos ir al Señor con respecto a esto en lugar de usar la publicidad, ya que, con toda probabilidad, solo nos traería maestros que deseaban aprendices sólo por el bien de la paga. Recordamos cuán bueno había sido el Señor con nosotros al habernos ayudado cientos de veces antes en este mismo asunto.

Pasaron algunas semanas y la dificultad permanecía. Sin embargo, continuamos orando y luego se hizo una solicitud, y luego otra. Y desde que comenzamos a orar sobre este asunto, el verano pasado, hemos podido enviar un total de 18 muchachos hasta el 26 de mayo de 1863. Esta dificultad fue de nuevo completamente superada por la oración, ya que cada uno de los muchachos a quienes deseábamos enviar ha sido enviado."

Enfermedad en el Orfanato

En algunas ocasiones la enfermedad visitó las casas de huérfanos.

"Durante el verano y el otoño de 1866 también tuvimos el sarampión en las tres Casas de Huérfanos. Después de que hizo su aparición, nuestra oración especial fue:

1. Que no haya muchos niños enfermos al mismo tiempo con esta enfermedad, para que nuestro alojamiento en las habitaciones de la enfermería o donde se ubicaran los enfermos sea suficiente. Esta oración fue respondida al máximo, porque, aunque teníamos en la Nueva Casa de Huérfanos N.º 1 no menos de 83 casos, en la N.º 2 en total 111, y 68 en total en la N.º 3, sin embargo, Dios se complació en escuchar nuestras súplicas, ya que cuando nuestras habitaciones libres estuvieron llenas de enfermos, Él mantuvo la diseminación del sarampión hasta que se restauró un número suficiente para que haga espacio para los otros que caían enfermos.
2. Además oramos para que los niños que se enfermaran con el sarampión no mueran. Así fue como tuvimos la respuesta completa a nuestras oraciones: porque a pesar de que 262 niños en total tuvieron sarampión, todos se sanaron y ninguno murió.
3. Por último, oramos para que no haya consecuencias físicas perniciosas que puedan seguir a esta enfermedad, como suele ser el caso; esto también fue concedido. Todos los 262 niños no solo se recuperaron, sino que no tuvieron ninguna consecuencia adversa. Constato con gratitud esta señal de misericordia y bendición de parte de Dios, y esta respuesta completa y preciosa a la oración, al honor de Su nombre."

Ayuda para Hermanos Necesitados

"Año 1863. El final del año estaba pronto a llegar y, al concluir las cuentas, mi gran deseo era volver a hacer todo lo posible para enviar ayuda a los trabajadores en el Evangelio que tenían muchas necesidades. Fui, pues, a través de la lista, escribiendo al lado de los diversos nombres de aquellos a quienes no había enviado donación recientemente, anoté qué cantidad me parecía justo enviar, y cuando estas sumas se sumaron, el total fue de £476 (USD $75,143), pero £280 (USD $44,202) fue todo lo que tenía en la mano. Por lo tanto, escribí un cheque por £280 (USD $44,202), aunque habría enviado con gusto £476 (USD $75,143), pero al mismo tiempo me sentí agradecido de tener esta cantidad en la mano para estos hermanos.

Después de haber escrito el cheque como la última ocupación del día, luego vino mi tiempo habitual de oración por las muchas cosas que diariamente, con la ayuda de Dios, traigo ante Él. Fue así que elevé también el caso de estos predicadores del Evangelio ante el Señor, y le supliqué que se sienta complacido de darme una buena cantidad de ofrenda para ellos, aunque solo quedaban tres días para el final de nuestro año fiscal. Una vez hecho esto me fui a casa, a eso de las nueve de la noche, y descubrí que había llegado, desde una gran distancia, la suma de £100 (USD $16,000) para misiones, y otras 100 libras (16 mil dólares) para que dispusiera según mi discreción, de los cuales £5 (800 dólares) eran para mí personalmente. Tomé, por lo tanto, las £200 (USD $ 32,000) enteramente para Misiones, y así tenía £480 (USD $75,775) en la mano para cumplir con los £476 (USD $75,143) que deseaba para este asunto.

Aquellos que conocen la bendición de confiar realmente en Dios y obtener ayuda de Él en respuesta a la oración, como en este caso, podrán entender el disfrute espiritual que tuve al recibir esa donación, porque sé que me fue concedida como respuesta a la oración, y con ella obtuve el gran disfrute de alegrar el corazón de muchos servidores devotos de Cristo."

El Trabajo Misionero en China

"30 de septiembre de 1869. De Yorkshire llegaron £50 (USD $8,000). Recibí también mil libras (160, 000 dólares) hoy para la obra del Señor en China. Sobre esta donación es especialmente importante notar que durante meses había sido mi deseo más fervoroso el apoyar más que nunca el trabajo misionero en China, y ya había tomado medidas para llevar a cabo este deseo, cuando esta donación de mil libras llegó a mis manos.

Esta preciosa respuesta a la oración para provisiones debe ser un estímulo especial para todos los que están comprometidos en la obra del Señor, y para quien pueda necesitar cualquier cosa. Demuestra nuevamente, que, si nuestro trabajo es Su obra y lo honramos esperando en Él y buscándolo solo a Él cuando necesitamos recursos, Él seguramente, en Su propio tiempo y modo, los suplirá."

El Gozo de Tener Respuestas a la Oración

"El gozo que da la respuesta a la oración no se puede describir, y el ímpetu que le da a la vida espiritual es sumamente grande. La experiencia de esta felicidad es lo que deseo para todos mis lectores cristianos. Si crees verdaderamente en el Señor Jesús para la salvación de tu alma, si caminas rectamente y no consideras la iniquidad en tu corazón, si continúas esperando pacientemente y creyendo en Dios, entonces seguramente se darán respuestas a tus oraciones.

Tal vez no seas llamado a servir al Señor en la forma en que lo hace este escritor, y por lo tanto puede que nunca tengas respuestas a la oración respetando las cosas que se registran aquí, pero en tus diversas circunstancias, tu familia, tu negocio, tu profesión, tu posición en la iglesia, tu trabajo para el Señor, etc., puedes tener respuestas tan distintas como cualquiera aquí registrada."

La Gran Necesidad de ser Salvo por la fe en Cristo Jesús

"Si esto, sin embargo, fuera leído por alguien que no es creyente en el Señor Jesús, pero que está pasando por la despreocupación o la autosuficiencia de su corazón no renovado, entonces te ruego cariñosa y solemnemente, primero, que seas reconciliado con Dios por la fe en el Señor Jesús. Eres un pecador. Mereces el castigo. Si no ves esto, pide a Dios que te lo muestre. Que esta sea tu primera y especial oración. Pídele a Dios que te ilumine, no solamente con respecto a tu estado por naturaleza, sino que sea revelado el Señor Jesús a tu corazón. Dios lo envió para que Él llevara el castigo que merecíamos nosotros, pecadores culpables. Dios acepta la obediencia y los sufrimientos del Señor Jesús a favor de aquellos que dependen de Él para la salvación de sus almas, y en el mismo momento en que un pecador cree en el Señor Jesús, obtiene el perdón de todos sus pecados.

Cuando te reconcilias con Dios así, por la fe en el Señor Jesús, y has obtenido el perdón de tus pecados, tienes pleno derecho para entrar a la presencia de Dios y para dar a conocer todas tus peticiones a Él. Y cuanto más puedas comprender que tus pecados están perdonados, y que Dios, por amor de Cristo, está complacido con los que creen en Él, más dispuesto estará a llevar todas tus necesidades, tanto temporales como espirituales, a tu Padre Celestial para que Él las provea. Pero mientras permanezca la conciencia de la culpa no perdonada siempre tendrás que mantenerte lejos de Dios, especialmente en lo que respecta a la oración. Por lo tanto, querido lector, si eres un pecador sin perdón, que sea tu primera y especial oración, que a Dios le agrade revelar a tu corazón al Señor Jesús, su Hijo amado."

Una Doble Respuesta

"25 de julio de 1865. Desde el vecindario de Londres llegaron £100 (USD $16,000) con la siguiente carta:

«Mi querido señor, creo que es a través de las acciones del Señor sobre mí, que le adjunto un cheque en el Banco de Inglaterra, Rama Filial Western, por £100. Espero que sus asuntos vayan bien. Suyo en el Señor, * * * *.»

Este caballero cristiano, a quien nunca he visto, y que está involucrado en un gran negocio en Londres, me había enviado varias veces antes una suma similar. Un día o dos antes de recibir esta amable última donación, le había pedido al Señor que le agrade influir en el corazón de este donante para ayudarme de nuevo, algo que nunca había hecho antes con respecto a él, y así tuve la doble respuesta a la oración en el sentido de que no sólo recibía dinero, sino que también era dinero de él. El lector ahora verá el significado de todo esto en la carta del donante, pues él escribió: «Creo que es a través de las acciones del Señor sobre mí que te adjunto un cheque, etc.»

Verdaderamente fue el Señor quien actuó sobre este caballero para enviarme esta suma. Quizás el lector pueda pensar que, al reconocer el recibo de la donación, le escribí al donante lo que dije aquí. Pero no lo hice. Mi razón para no hacerlo fue para que no pensara que tenía una necesidad especial, y para que no sea influenciado a enviar más. Al conocer verdaderamente al Señor, al confiar realmente en Él y solo en Él, no hay necesidad de dar consejos directa o indirectamente para que las personas pueden ser inducidas a ayudar. Podría haberle escrito al donante (como de hecho era el caso) que necesitaba una suma considerable día por día para los gastos actuales de las diversas áreas de la Institución, y también podría haberle dado a conocer, sin mentir, que en ese momento necesitaba alrededor de veinte mil libras (3,200,000 dólares) para poder cubrir todos los gastos relacionados con la ampliación contemplada del trabajo con los huérfanos.

Pero mi práctica es nunca aludir a ninguna de estas cosas en mi correspondencia con los donantes. Cuando El Informe se publica, aquel que tenga deseos de ver cómo están las cosas puede hacerlo, y así dejo las cosas en las manos de Dios, para que sea Él quien hable por nosotros al corazón de Sus mayordomos. ¡Verdaderamente no esperamos a Dios en vano!

Cristianos de Negocios

"1 de enero de 1869. Desde Escocia llegaron £50 (USD $8,000) para misiones, £25 (USD $4,000) para la circulación de las Sagradas Escrituras y £25 (USD $4,000) para la circulación de tratados. Hemos recibido también desde una distancia considerable £10 (USD $1,600) para estos objetos, con £10 (USD $1,600) para los huérfanos.

Sobre esta última donación hago algunas observaciones. A principios del año 1868, un hombre de negocios cristiano me escribió para pedirme consejo sobre sus peculiares y difíciles asuntos comerciales. Su carta mostraba que deseaba seguir los caminos del Señor y que quería llevar a cabo su negocio para la gloria de Dios, pero sus circunstancias eran de carácter muy difícil. Fue entonces que le escribí para que viniera a Bristol con el fin de poder aconsejarlo. Por consiguiente, él emprendió el largo viaje y tuvimos una entrevista por medio de la cual alcancé a ver qué tan difícil era su posición en los negocios. Habiendo terminado de conversar con él, le di el siguiente consejo:

1. Que día a día debería apartarse con su esposa cristiana para que pudieran presentar unánimemente delante del Señor en oración todas sus dificultades de negocios; y si fuere posible, hacerlo dos veces al día.
2. Que debe quedar a la espera de respuestas a sus oraciones y esperar en anticipación que Dios lo ayude.
3. Que debería evitar todos los trucos empresariales, como exponer a la venta dos o tres artículos, marcados a un precio inferior al costo, con el fin de atraer clientes, por ser impropio de un discípulo del Señor Jesús el usar tales artificios; y que, si lo hacía, no podría contar con la bendición de Dios.
4. Le aconsejé, además, que apartara de sus ganancias, semana tras semana, una cierta porción para la obra de Dios ya sea que su ingreso sea poco o mucho, y use este ingreso fielmente para el Señor.
5. Por último, le pedí que me informara, mes tras mes, cómo el Señor trataba con él.

El lector se interesará en aprender que desde ese momento el Señor tuvo el placer de prosperar el negocio de este querido hermano cristiano, por lo que sus ganancias del 1 de marzo de 1868 hasta el 1 de marzo de 1869 fueron de £9,138 13s. 5d. (USD $1,445,798), mientras que durante el mismo período el año anterior habían sido solo de £6,609 18s. 3d. (USD $1,045,806). Por lo tanto, ese año ganó £2,528 15s. 2d. (USD $400,094) más que el año anterior.

Cuando me envió la donación antes mencionada, también escribió mencionando que durante el año anterior apartó £123 13s. 3d. (USD $19,565) para el trabajo de Dios o la necesidad de los pobres. He mencionado los detalles sobre esto de modo que los cristianos de negocios puedan ser beneficiados con este tema."

Avivamiento en las Casas de los Huérfanos

"Al dar las estadísticas del año anterior [1871-72] ya me he referido a la gran bendición espiritual que al Señor le agradó conceder a la obra con los huérfanos al final del año pasado y al comienzo de este; pero debido a que este es un tema tan profundamente importante, aquí quiero dar algunos detalles más.

Se ha constatado antes que la condición espiritual de los huérfanos generalmente nos daba una gran tristeza de corazón, porque había muy pocos de ellos preocupados en sus almas y descansando en la muerte expiatoria del Señor Jesús por la salvación. Este, nuestro dolor, nos llevó a exponerlo entre todo el equipo de asistentes, matronas y maestros, para buscar fervientemente la bendición del Señor sobre las almas de los niños. Esto se hizo en nuestras reuniones de oración unidas, y tengo razones para creer, en secreto también, y en respuesta a estas nuestras oraciones secretas y unidas, que en el año 1872 hubo, como resultado de esto, más creyentes entre los huérfanos que nunca. El 8 de enero de 1872 el Señor comenzó a trabajar entre ellos, y este trabajo continuó mucho después.

En la Nueva Casa de Huérfanos N.° 3 ese avivamiento no se mostró tanto, hasta que le agradó al Señor mostrar Su mano en esa casa por causa de la viruela, y desde ese momento la obra del Espíritu Santo también se sintió poderosamente en esa casa, particularmente en un departamento. A fines de julio de 1872, recibí las declaraciones de todas las matronas y maestras de las cinco casas, que me informaron que, después de una cuidadosa observación y conversación, tenían buenas razones para creer que 729 de los huérfanos que en ese entonces estaban bajo nuestro cuidado eran creyentes en el Señor Jesús. ¡Este número de huérfanos creyentes es, por mucho, más grande que nunca, por lo que adoramos y alabamos al Señor! ¡Vea cómo el Señor compensó la gran prueba ocasionada por la viruela y la convirtió en una gran bendición! Vea también cómo, después de tal abatimiento que nos llevó a la oración y a la oración ferviente, ¡la obra del Espíritu Santo fue más manifiesta que nunca!"

Las Giras Misioneras del Señor Müller

En el año 1875, cuando tenía setenta años de edad, el Sr. Müller fue guiado por el Señor a comenzar sus viajes misioneros, y durante los siguientes veinte años predicó a más de tres millones de personas, en cuarenta y dos países del mundo.

"El 8 de agosto de 1882", dice el Sr. Müller, "comenzamos nuestra novena gira misionera. El primer lugar en el que prediqué fue en Weymouth, donde hablé en público cuatro veces. Desde Weymouth fuimos por Calais (Francia) y Bruselas (Bélgica) a Düsseldorf, sobre el río Rin (Alemania), donde prediqué muchas veces seis años antes. Durante esta visita hablé allí en público ocho veces.

Con respecto a mi estancia en Düsseldorf, para el estímulo del lector, relato las siguientes circunstancias. Durante nuestra primera visita a esa ciudad, en el año 1876, un piadoso misionero de la ciudad vino a mí un día, muy atribulado, porque tenía seis hijos, por cuya conversión había estado orando muchos años, y sin embargo ellos no se preocupaban por sus almas, y él me pidió que le dijera qué debía hacer. Mi respuesta fue: 'Continúa rezando por tus hijos y espera una respuesta a tu oración, y tendrás motivo de alabar a Dios.'

Ahora, cuando después de seis años estaba otra vez en la misma ciudad, este querido hombre vino a verme y me dijo que estaba sorprendido de no haberse dado cuenta antes lo que debía hacer, pero que había decidido seguir mi consejo, por lo que se entregó a la oración más seriamente que nunca. Me contó que dos meses después de verme, cinco de sus seis hijos se convirtieron en el transcurso de ocho días, y durante esos seis años han estado fielmente en los caminos del Señor. Esta persona seguía orando con la esperanza de que su sexto hijo también comenzara a preocuparse por su estado delante de Dios. Que el lector cristiano se sienta animado por esto: si ves que tus oraciones no son respondidas de inmediato, y en lugar de seguir orando decides dejar de hacerlo, espera a Dios con más seriedad y perseverancia, y espera respuestas a tus peticiones. Nunca dejes de perseverar en la oración."

El Plan Divino para Enviar Misioneros al Extranjero

La Iglesia de Bristol con la que el Sr. Müller estuvo conectado ha tenido el privilegio de dar ejemplo a la Iglesia de Dios con respecto a la forma en la que los misioneros pueden ser enviados al extranjero (donde tanta falta hacen) como respuesta a la oración. El Sr. Müller escribe en p. 516, vol. I. de su Narrativa:

"También menciono aquí que, durante los ocho años previos a mi partida a Alemania para trabajar allí, había tenido una carga en mi corazón y también en otros hermanos entre nosotros, para pedirle al Señor que estuviera complacido de honrarnos, como un cuerpo de creyentes, al convocar a algunos hermanos de entre nosotros para llevar la Verdad a tierras extranjeras. Pero esta oración parecía quedar sin respuesta. Ahora, sin embargo, había llegado el momento en que el Señor estaba a punto de responderla y yo, en cuyo corazón se había establecido particularmente este asunto, debía ser el primero en llevar la Verdad de entre nosotros. En esa misma época el Señor llamó a nuestro querido hermano y hermana Barrington de entre nosotros para ir a Demerara a trabajar allí en relación con nuestro estimado hermano Strong; y nuestro querido hermano y hermana Espenett, para ir a Suiza. Estos dos queridos hermanos y hermanas salieron poco después de que yo haya ido a Alemania.

Pero esto no fue todo. Nuestro muy apreciado hermano Mordal, que se había encomendado a los santos por su infatigable servicio entre nosotros durante doce años, tuvo, desde el 31 de agosto de 1843 (el día en que los hermanos Strong y Barrington salieron de Bristol para Demerara), la decisión de prestar servicio allí, y salió de entre nosotros once meses después. Él, junto conmigo, había tenido particularmente en su corazón, durante los ocho años anteriores, pedirle al Señor una y otra vez que llamara a obreros de entre nosotros para el servicio en el exterior. De todas las personas él, siendo padre de una familia numerosa, y de unos 50 años de edad, parecía ser el menos indicado a ser llamado para ese trabajo; pero Dios sí lo llamó. Fue, trabajó un poco en Demerara, y luego, el 9 de enero de 1845, el Señor lo llevó a su descanso.

Cuando le pedimos a Dios algo, como que levante obreros para Su cosecha o el envío de medios para llevar a cabo Su obra, la pregunta honesta que uno debe hacerse debería ser esta: ¿Estoy dispuesto a ir si Él me llamara? ¿Estoy dispuesto a dar de acuerdo a mi habilidad? Porque nosotros mismos podemos ser las personas a las que el Señor llamará para la obra, o podrían ser nuestros los medios que Él desee emplear."

En el Informe de la Institución del Conocimiento de las Escrituras para 1896, el Sr. Müller muestra cuán grandemente ha sido honrado por Dios este cuerpo de creyentes.

"De nuestra propio medio, como iglesia, sesenta hermanos y hermanas han salido a campos de trabajo extranjeros, algunos de los cuales han terminado su trabajo en la tierra, pero todavía hay unos cuarenta que participan en este precioso servicio."

¿Acaso la gran y clamorosa necesidad de obreros en Asia, África y otras partes del mundo no se cumpliría mejor si miles de iglesias en Europa y América siguieran este plan divino de orar al Señor de la cosecha para que envíe obreros de entre ellos?

De esta manera pueden tener por seguro que Dios responderá sus oraciones, así como lo hizo con las oraciones de esta iglesia de Bristol.

¡Mira lo que se ha hecho en China por el fiel uso del método de Dios! Citamos las palabras del Sr. Hudson Taylor tal como figuran en 'China's Millions' (Los Millones de China) publicado en julio de 1897:

"Para la obtención de compañeros de trabajo tomamos la dirección del MAESTRO, que dijo: 'Orad el SEÑOR de la Cosecha'. En cuanto a los primeros cinco antes de que se formara la Misión, así también para los veinticuatro que fueron los primeros que solicitamos a la China Inland Mission (Misión para el Interior de China), para refuerzos adicionales cuando fueran necesarios, para los setenta en tres años, para los cien en un año, y para otros adicionales de vez en cuando, siempre hemos confiado en este plan. ¿Es posible que, de cualquier otra manera, un grupo de trabajadores de casi todas las denominaciones, y de muchas tierras, pudiera haber sido reunido y mantenerse juntos durante treinta años sin otro vínculo que no sea el llamado de Dios y el amor de Dios – un grupo que ahora cuenta con más de setecientos hombres y mujeres, ayudados por más de quinientos trabajadores nativos?"

El Comienzo del Avivamiento de 1859

"En noviembre de 1856, un joven irlandés, el Sr. James McQuilkin, fue salvo. Poco después de su conversión vio anunciada mi Narrativa, a saber: los primeros dos volúmenes de este libro. Tenía un gran deseo de leerlo, y lo compró en consecuencia, alrededor de enero de 1857. Dios bendijo grandemente su alma, especialmente al mostrarle lo que podía obtenerse mediante la oración. Se dijo a sí mismo algo como: 'Mira lo que el Sr. Müller obtiene simplemente por la oración. Así puedo obtener la bendición por medio de la oración.'

Ahora se propuso orar para que el Señor le diera un compañero espiritual, uno que conociera al Señor. Poco después conoció a un joven que era creyente. Estos dos comenzaron una reunión de oración en una de las Escuelas Dominicales en la parroquia de Connor. Habiendo respondido su oración para obtener un compañero espiritual, el Sr. James McQuilkin le pidió al Señor que lo guiara a conocer algunos más de Sus hijos ocultos. Poco después, el Señor le dio a conocer a otros dos jóvenes, que eran creyentes anteriormente, por lo que él podía juzgar.

En el otoño de 1857, el Sr. James McQuilkin les contó a estos tres jóvenes, en respuesta a la oración de fe, de la gran bendición que había obtenido de mi Narrativa y cómo le había llevado a ver el poder de la oración de fe; y él propuso que se reunieran para orar con el fin de buscar la bendición del Señor en sus diversas labores en las Escuelas Dominicales, reuniones de oración y predicación del Evangelio. En consecuencia, en otoño de 1857, estos cuatro jóvenes se reunieron para orar en una pequeña escuela cerca de la aldea de Kells, en la parroquia de Connor, todos los viernes por la noche.

Para entonces el gran y poderoso trabajo del Espíritu en 1857 en los Estados Unidos ya se había dado a conocer, y el Sr. James McQuilkin se dijo a sí mismo: 'viendo que Dios hizo grandes cosas para el Sr. Müller, ¿por qué no podemos tener una obra tan bendita aquí, simplemente en respuesta a la oración?'

El 1 de enero de 1858 el Señor les dio la primera respuesta notable a la oración en la conversión de un sirviente de una granja. Fue incluido al grupo y así hubo cinco que se entregaron a la oración. Poco después, otro joven, de unos 20 años, se convirtió; ahora había seis. Esto alentó enormemente a los otros tres que primero se habían reunido con el Sr. James McQuilkin.

Otros ahora se convirtieron, que también fueron incluidos al grupo; pero sólo los creyentes fueron admitidos en estas reuniones de confraternidad, en las cuales leían, oraban y ofrecían unos a otros algunos pensamientos de las Escrituras. Estas reuniones, y otras para la predicación del Evangelio, se llevaron a cabo en la parroquia de Connor, Antrim, Irlanda. Hasta este momento todo estaba sucediendo muy silenciosamente, aunque muchas almas se convirtieron, no hubo postraciones físicas, como las hubo después.

Alrededor de Navidad, 1858, un joven de Ahoghill, que había venido a vivir a Connor y que se había convertido a través de esta pequeña compañía de creyentes, fue a ver a sus amigos en Ahoghill, y les habló sobre su propia alma y la obra de Dios en Connor. Sus amigos deseaban ver a algunos de estos conversos. Por consiguiente, el Sr. James McQuilkin, con dos de los primeros que se reunieron para orar, fue el 2 de febrero de 1859 y celebró una reunión en Ahoghill en una de las iglesias presbiterianas. Algunos creyeron, algunos se burlaban, y otros pensaban que había una gran cantidad de presunción en estos jóvenes conversos, sin embargo, muchos deseaban tener otro encuentro.

Esta reunión fue llevada a cabo por los mismos tres jóvenes el 16 de febrero de 1859, y ahora el Espíritu de Dios comenzó a obrar y a obrar poderosamente. Las almas se convirtieron, y desde ese momento las conversiones se multiplicaron rápidamente. Algunos de estos conversos fueron a otros lugares y llevaron el fuego espiritual, por así decirlo, con ellos. La bendita obra del espíritu de Dios se extendió en muchos lugares.

El 5 de abril de 1859, el Sr. James McQuilkin fue a Ballymena, celebró una reunión allí en una de las Iglesias Presbiterianas, y el 11 de abril celebró otra reunión en otra de las iglesias presbiterianas. Varios fueron convencidos de pecado y la obra del Espíritu de Dios avanzó en esa localidad.

El 28 de mayo de 1859, fue a Belfast. Durante la primera semana hubo reuniones en cinco iglesias presbiterianas diferentes, y a partir de ese momento la obra bendita comenzó en Belfast. En todas estas visitas fue acompañado y ayudado por el Sr. Jeremiah Meneely, uno de los tres jóvenes que se reunieron con él después de la lectura de mi Narración. A partir de este momento, la obra del Espíritu Santo se extendió más y más; porque los jóvenes convertidos fueron usados por el Señor para llevar la verdad de un lugar a otro.

Tal fue el comienzo de esa poderosa obra del Espíritu Santo, que ha llevado a la conversión de cientos de miles, ya que algunos de mis lectores recordarán cómo en 1859 se encendió este fuego y cómo se extendió a través de Irlanda, Inglaterra, Gales y Escocia, cómo el Continente de Europa participó, en más o menos medida, de esta poderosa obra del Espíritu Santo; cómo resultó en que miles se entregasen al trabajo de Evangelistas, y cómo hasta el año 1874 no solamente se sienten los efectos de este trabajo, iniciado por primera vez en Irlanda, sino que esta obra bendecida sigue en Europa en general. Es casi innecesario agregar, que en ningún grado el honor se debe a los instrumentos, sino sólo al Espíritu Santo. Sin embargo, estos hechos se establecen para que se pueda ver qué deleite tiene Dios al responder abundantemente a la oración de fe de Sus hijos."

El Matrimonio del Señor Müller

En el volumen 3 de The Narrative (La Narrativa), el Sr. Müller cuenta cómo Dios obró con respecto a cómo fue que conoció a su primera esposa, la señorita Mary Groves, y su posterior matrimonio.

"Al darme a la señorita Groves, fue muy evidente la mano de Dios en todo este asunto, nada fue una casualidad. Su mano fue muy marcada sobre mi vida, y mi alma dice: 'eres bueno y haces el bien.'

Me refiero a algunos detalles para la instrucción de otros. Cuando a fines del año 1829 dejé Londres para trabajar en el Evangelio en el condado de Devonshire, un hermano en el Señor me dio una tarjeta que contenía la dirección de una bien conocida mujer cristiana, la señorita Paget, que entonces residía en Exeter, para que yo la visitara, ya que era una excelente cristiana. Tomé esa dirección y la puse en mi bolsillo, pero no pensé visitarla.

Tres semanas llevé esa tarjeta en mi bolsillo sin hacer ningún esfuerzo por ver a esa señorita, pero al final fui guiado a hacerlo. Esta era la forma en que Dios me daría a mi excelente esposa. La señorita Paget me pidió que predicara el último martes del mes de enero de 1830 en la habitación que había habilitado en Poltimore, un pueblo cerca de Exeter, y donde el señor A. N. Groves, luego mi cuñado, había predicado una vez al mes, antes de que él saliera como misionero a Bagdad. Acepté fácilmente la invitación, ya que en todas partes anhelaba exponer la preciosa verdad del regreso del Señor y otras verdades profundamente importantes, que hacía poco habían alumbrado mi propia alma.

Al dejar a la señorita Paget, ella me dio la dirección de un hermano cristiano, el Sr. Hake, quien tenía una Escuela de Internado Infantil para señoritas y caballeros en la Casa Northernhay, la antigua residencia del Sr. A. N. Groves, para que yo pudiera quedarme allí a mi llegada a Exeter desde Teignmouth. A este lugar fui a la hora acordada. La señorita Groves, después mi amada esposa, estaba allí porque la señora Hake había sido una inválida durante mucho tiempo, y la señorita Groves ayudaba al Señor Hake en su gran aflicción, supervisando los asuntos de su hogar.

Mi primera visita me llevó a ir a predicar a Poltimore, después de un mes, y me quedé otra vez en la casa del Sr. Hake; y esta segunda visita condujo a que predicara una vez por semana en una capilla en Exeter, y así fui, semana tras semana, de Teignmouth a Exeter, alojándome en cada oportunidad en la casa del Señor Hake.

Todo este tiempo mi propósito había sido no casarme en absoluto, sino permanecer libre para viajar al servicio del Evangelio, pero después de algunos meses vi, por muchas razones, que era mejor para mí, como un joven pastor menor de 25 años, casarme. La pregunta ahora era: ¿Con quién debo unirme? La señorita Groves estaba en mi mente, pero el conflicto de oración fue largo antes de tomar una decisión, porque no podía soportar la idea de que debía arrebatarle al Señor

Hake esta valiosa ayudante, ya que la señora Hake seguía sin poder asumir la responsabilidad de una casa tan grande.

Pero oré una y otra vez. Al final, y esto me decidió, tenía razones para creer que había engendrado para mí un cierto afecto en el corazón de la señorita Groves, y que, por lo tanto, debía hacerle una propuesta de matrimonio, por más cruel que parezca actuar en contra de mi querido amigo y hermano Mr. Hake, y pedirle a Dios que le dé un ayudante adecuado que pueda suceder a la Señorita Groves.

El 15 de agosto de 1830, por lo tanto, le escribí y le propuse que se convirtiera en mi esposa, y el 19 de agosto, cuando fui a predicar a Exeter, como siempre, ella me aceptó. Lo primero que hicimos, después de que fui aceptado, fue arrodillarnos y pedir la bendición del Señor para nuestra unión prevista. En aproximadamente dos o tres semanas, y en respuesta a la oración, el Señor nos indicó a una persona que parecía adecuada para actuar como ama de llaves, mientras la Sra. Hake continuaba enferma; y ya para el 7 de octubre de 1830 estábamos unidos en matrimonio.

Nuestra boda fue del carácter más simple. Caminamos a la iglesia sin desayuno de bodas, pero por la tarde tuvimos una reunión de amigos cristianos en la casa del Sr. Hake y conmemoramos la muerte del Señor; y luego me fui en la diligencia con mi querida novia a Teignmouth, y al día siguiente fuimos a trabajar para el Señor. Tan simple como fue nuestro comienzo, y a diferencia de los hábitos del mundo, por el amor de Cristo, así nuestro objetivo divino ha sido siempre desde entonces.

Ahora vea la mano de Dios al darme a mi querida esposa: Primero, esa dirección de Miss Paget me fue dada bajo la voluntad de Dios.

En segundo lugar, por fin debía visitarla, aunque por mucho lo retrasé.

Tercero, ella podría haber proporcionado un lugar de alojamiento con algún otro amigo cristiano, donde no hubiera conocido a la Señorita Groves.

Cuarto, mi mente podría haber decidido, finalmente y después de todo, no hacerle una propuesta, pero Dios resolvió el asunto y así me habló a través de mi conciencia: tú sabes que has generado afecto en el corazón de esta hermana cristiana por la forma en que actuaste con ella y, por lo tanto, aunque sea doloroso y aparece que actúas con crueldad hacia tu amigo y hermano, deberías hacerle una propuesta. Obedecí. Escribí la carta en la que hice la propuesta, y el resultado fue nada más que una corriente de bendición.

Permíteme aquí agregar una palabra de consejo cristiano. Entrar en la unión matrimonial es uno de los eventos más importantes de la vida. No puede tratarse con demasiada oración. Nuestra felicidad, nuestra utilidad, nuestra vida para Dios o para nosotros mismos después, a menudo están más íntimamente relacionados con nuestra elección. Por lo tanto, esta elección debe hacerse de la manera más piadosa. Ni la belleza, ni la edad, ni el dinero, ni las habilidades inteligentes deben ser los factores que impulsen la decisión, sino que primero se debe esperar mucho en Dios para finalmente ser guiados por Él.

Segundo, debe haber un sincero propósito de estar dispuesto a ser guiado por Él.

Tercero, la verdadera piedad, sin sombra de duda, debe ser la primera y absolutamente necesaria calificación, para un cristiano, con respecto a una compañera de vida. Sin embargo, además de esto, se debe pensar cuidadosamente con calma y paciencia si en otros aspectos existe una idoneidad.

Por ejemplo, para un hombre educado, el elegir a una mujer completamente inculta no es muy sabio, porque por mucho que su amor pueda estar dispuesto a cubrir el defecto, la relación funcionará muy mal con respecto a los niños."

Enfermedad Peligrosa de la Hija del Señor Müller

"En julio de 1853, al Señor le agradó probar mi fe de una manera que antes no había sido probada. Mi querida y única hija, y creyente desde el comienzo del año 1846, se enfermó el 20 de junio.

Esta enfermedad, al principio una fiebre leve, se convirtió en tifus. El 3 de julio no parecía haber esperanzas de su recuperación. Pienso que esto era una prueba de fe, pero la fe triunfó. Mi querida esposa y yo pudimos entregarla en las manos del Señor. Él nos sostuvo a ambos en gran manera. Pero sólo hablaré de mí. Aunque mi única y amada hija estuvo al borde de la tumba, mi alma estaba en perfecta paz, satisfecha con la voluntad de mi Padre Celestial, estando seguro de que Él solo haría por ella y sus padres lo que al final sería lo mejor. Continuó muy enferma hasta aproximadamente el 20 de julio, cuando comenzó finalmente la recuperación.

Para el 18 de agosto se recobró de tal modo que pudo ser trasladada a Clevedon para cambiar de aire, aunque todavía estaba muy débil. Habían pasado 59 días desde que enfermó por primera vez.

Los padres saben lo que significa un hijo único, un niño amado y todavía más cuando ese hijo único es un niño creyente. En medio de toda esta situación sentí que el Padre Celestial dijo algo así como: '¿Estás dispuesto a renunciar a este niño por Mí?' Mi corazón respondió: 'Como te parezca bien, mi Padre Celestial. Hágase Tu voluntad.' Pero a medida que nuestros corazones estuvieron dispuestos a entregar a nuestra hija amada a Aquel que nos la había dado, así también Él estuvo listo para dejarla con nosotros, y ella sobrevivió.

"Deléitate asimismo en Jehová, y él te concederá las peticiones de tu corazón." Salmo 37:4. El deseo de mi corazón era retener a mi hija amada si fuera la voluntad de Dios, pero los medios para retenerla deberían estar cumplidos por la voluntad del Señor.

De todas las pruebas de fe que hasta ahora he tenido que pasar, esta fue la más grande, y por la abundante misericordia de Dios le debo a Él la alabanza, pues pude deleitarme en la voluntad de Dios; perfectamente seguro de que, si el Señor se llevara a esta amada hija, sería lo mejor para sus padres, lo mejor para ella y más para la gloria de Dios que si ella viviera. Saber que se haría lo mejor me daba mucha satisfacción, y así mi corazón estuvo en paz, esa perfecta paz, y no tuve un momento de ansiedad. Así debería ser en todas las circunstancias, por dolorosas que fueran, si el creyente ejerciera la fe."

El Pan Diario

3 de agosto de 1844, sábado. Comenzamos el día de hoy con 12 chelines (96 dólares). Mi alma dijo: 'Ahora voy a buscar el camino por el cual el Señor nos liberará este día otra vez, porque Él ciertamente librará. Muchos sábados, cuando estábamos necesitados, Él nos ayudó, y así lo hará este día también.' Entre las nueve y las diez de esta mañana me puse a orar por provisión con tres de mis compañeros de trabajo, en mi casa.

Mientras todavía estábamos en oración, llamaron a la puerta de mi habitación y me informaron que un caballero había venido a verme. Cuando terminamos de orar, se descubrió que era un hermano de Tetbury, que había traído de Barnstaple la suma de £1 2s. 6d (180 dólares para los huérfanos). Así fue como hoy tenemos £1 14s. 6d. (276 dólares) y estamos esperando al Señor por más.

6 de agosto. Sin un solo centavo en mis manos, comenzó el día de hoy. El correo no trajo nada, y tampoco he recibido algo. ¡Ahora mira la liberación del Señor! Diez minutos después de las diez de la mañana me entregaron un sobre de parte de uno de los trabajadores en las Casas de Huérfanos con una nota y dos soberanos (320

dólares) que ella enviaba para los huérfanos, declarando que era parte de un regalo que ella había recibido inesperadamente para ella misma. Estamos abastecidos por hoy.

4 de septiembre. Esta mañana tenía en mis manos sólo 16 centavos. Piensa un momento, querido lector. ¡Sólo tenía 16 centavos en la mano cuando el día comenzó! Piensa en esto, y piensa en la necesidad que tenemos de proveer para cerca de 140 personas. Uds. hermanos pobres, que tienen seis u ocho hijos y salarios bajos, piensen en esto, y ustedes, mis hermanos, que no pertenecen a las clases trabajadoras, pero que tienen medios muy limitados, ¡piensen en esto! ¿No pueden hacer ustedes lo que hacemos nosotros cuando estamos bajo pruebas? ¿El Señor te ama menos de lo que Él nos ama a nosotros? ¿No ama a todos Sus hijos con no menos amor que eso, con lo que ama a su Hijo unigénito, según Juan 17:20-23?

¿O somos nosotros mejores que ustedes? No, ¿acaso no somos nosotros pobres y miserables pecadores como lo son ustedes? Y algún hijo de Dios, ¿podrá reclamarle a Él a causa de su propia dignidad? ¿Acaso no es la justicia del Señor Jesús, que se atribuye a aquellos que creen en Él, lo único que nos hace dignos de recibir algo de nuestro Padre Celestial? Por lo tanto, querido lector, mientras nosotros oramos a nuestro Padre Celestial por ayuda en cada una de nuestras necesidades, de cualquier carácter que sea, en relación con este trabajo, y así como Él nos ayuda, también está dispuesto a ayudar a todos Sus hijos que ponen su confianza en Él.

Mira cómo Dios nos ayudó cuando solo quedaban 16 centavos en mis manos, en la mañana del 4 de septiembre de 1844:

Un poco después de las nueve recibí un soberano (160 dólares) de una hermana en el Señor que no desea que se mencione el nombre del lugar donde ella reside. Entre las diez y las once me llegó la notificación de las Casas de Huérfanos que se necesitaría la suma de £1 2s. (176 dólares) para los gastos del día. Apenas hube leído esto, cuando una familia se detuvo frente a mi casa, y un caballero, el señor —-, del barrio de Manchester, se anunció. Descubrí que era un creyente que había venido a Bristol a hacer negocios.

Esta persona había oído hablar de las Casas de Huérfanos y expresó su sorpresa de que, sin un sistema regular de colectas y sin una aplicación personal a nadie, simplemente por la fe y la oración, yo había obtenido £2,000 (USD $ 320.000) y aún más, anualmente, por mi trabajo para el Señor. Este hermano, a quien nunca había visto antes; y cuyo nombre ni siquiera sabía antes de su llegada, me dio £2 (320 dólares), como una demostración de lo que le había dicho."

«Los Pobres Tenéis Siempre»

"12 de febrero de 1845. Después de haber enviado esta mañana el dinero que se requería para el mantenimiento de las Casas, me quedaron nuevamente sólo 16 chelines y 2½ d. (130 dólares), siendo esa cantidad sólo una cuarta parte de lo que generalmente es necesario para un día en el área del mantenimiento, por lo que ahora había un nuevo motivo para confiar en el Señor. Por la mañana me volví a reunir, como siempre, con mi querida esposa y su hermana para orar, para pedirle al Señor muchas bendiciones en relación con este trabajo, y también por Su provisión.

Aproximadamente una hora después recibí una carta de Devonshire, que contenía un giro de £22 (USD $3,520), de los cuales £10 (USD $1,600) eran para los huérfanos, £2 (USD $320) para un hermano pobre en Bristol y £10 (USD $1,600) para mí. Además de tener así una prueba más de la voluntad de nuestro Padre Celestial de responder a nuestras peticiones en nombre de los Huérfanos, hay que destacar lo siguiente.

Durante muchos meses las necesidades de los santos pobres entre nosotros han sido particularmente puestas en mi corazón. La palabra de nuestro Señor: 'Tenéis a los pobres siempre con vosotros', y 'cuando queráis, les haréis bien', una y otra vez me han incitado a orar por ellos, y así fue de nuevo en particular esta mañana. Era la mañana más fría que hemos tenido durante todo el invierno. En mi caminata matutina para orar y meditar, pensé en lo bien que me encontraba teniendo un suficiente abastecimiento de carbón, alimentos nutritivos y ropa de abrigo, y cuántos de los queridos hijos de Dios podrían necesitarlos, y levanté mi corazón a Dios para que me diera más recursos, para que yo pudiera, mediante acciones específicas, demostrar una simpatía más abundante para con los pobres creyentes en su necesidad. Y pasaron solo tres horas cuando después de esa oración recibí estas £10 para mis necesidades personales."

El Señor Dirige los Pasos

"1 de febrero de 1847. Antes del desayuno, en mi paseo habitual de la mañana, tomé un camino por el cual no había ido durante muchas semanas, sintiéndome atraído hacia esa dirección, como si Dios tuviera la intención de guiarme de esa manera. Cuando volvía a casa me encontré con un caballero cristiano a quien solía encontrar todas las mañanas, pero a quien no había visto en mucho tiempo, porque no había estado caminando en esa dirección. Él me detuvo y me dio £2 (320 dólares) por los huérfanos. Entonces supe por qué había sido guiado por allí: porque todavía no había suficiente para entregar mañana a las matronas que necesitaban los medios necesarios para el mantenimiento de la casa durante otra semana.

"4 de febrero. Hasta ayer no ha habido ingresos. Esta mañana, justo antes de ir a orar por los huérfanos, una hermana en el Señor envió un soberano (160 dólares) que ella había recibido '...de un amigo que había conocido a los muchachos huérfanos, y estaba particularmente complacido por su apariencia pulcra y ordenada.' Después de haber recibido este dinero oré por los medios necesarios para las necesidades del presente, aunque no limité mis oraciones a eso. Alrededor de un cuarto de hora después de haberme levantado de rodillas, recibí una carta, con un giro de £5 (USD $800). El donante escribe que es 'el producto de la venta de una franja de tierra, vendida a la compañía ferroviaria.' ¡Cuán diversos son los medios que el Señor emplea para enviarnos ayuda en respuesta a nuestras oraciones!"

Pruebas Continuas de Fe y Paciencia

Con la ampliación del trabajo, por el que se necesitaba ahora proveer para unas 330 personas, continuaron las pruebas de fe. El Sr. Müller escribe:

"Si antes no teníamos ningún ingreso estable, ahora tampoco teníamos nada por seguro. Tenemos que esperar en Dios por todo lo relacionado con el trabajo, del cual a menudo, sin embargo, las necesidades económicas son el asunto más pequeño. No obstante, estamos capacitados para mirarlo a Él y, por lo tanto, por ello es que no estamos decepcionados.

7 de octubre de 1852. Esta noche solo quedaban 8 libras (1,280 dólares) para los gastos diarios de los huérfanos. Hasta ahora y en general teníamos abundancia, pero, aunque había entrado mucho, desde el comienzo de este nuevo período, nuestros gastos habían sido mayores que nuestros ingresos, ya que cada donación se había destinado al Fondo de Construcción. Por lo tanto, el saldo disponible al 26 de mayo de 1852, a pesar del gran ingreso desde entonces, se redujo a alrededor de £8 (1,280 dólares). Fue por eso que me dediqué particularmente a la oración por los recursos necesarios, para que esta pequeña suma se incrementara.

9 de octubre. En el transcurso de mi lectura esta mañana leí Lucas 7 antes del desayuno. Mientras leía el relato sobre el centurión y la resurrección de la muerte

del hijo de la viuda en Naín, alcé mi corazón al Señor Jesús de esta manera: «Señor Jesús, tú tienes el mismo poder ahora. Puedes proporcionarme los medios para Tu obra aquí en mis manos. Que te plazca hacerlo.» Aproximadamente media hora después recibí £230 15s. (USD $36,920).

El gozo que brindan esas respuestas a la oración no se puede describir. Estaba decidido a esperar solo en Dios, y no a forzar una liberación no bíblica para mí. Tengo miles de libras para el Fondo de Construcción, pero no sacaría de esta suma porque ha sido especialmente apartada para ese objetivo. También hay un legado de £100 (USD $16,000) para los huérfanos que lleva dos meses de retraso. Sabiendo que ha de entrar esa suma el corazón podría inclinarse naturalmente a usar un poco de dinero del Fondo de Construcción, pues luego podría ser reemplazado con el dinero del legado cuando entrare, pero yo no deseaba salir del camino de Dios para obtener ayuda.

En el momento en que llegó esta donación había empacado £100 (USD $16,000) que tenía en la mano y que había recibido para el Fondo de Construcción, listo para llevarlo al Banco, ya que estaba decidido a no tocarlo sino a esperar en Dios. Mi alma magnifica al Señor por su bondad.

13 de junio de 1853. Ahora estábamos en una situación de extrema pobreza. No estábamos endeudados, ni siquiera se había gastado todo el dinero, porque todavía quedaban alrededor de £12 (USD $ 1,920) en la mano, pero luego había que comprar harina, de la cual se compran generalmente 10 sacos (bolsas) a la vez, 1,900 kilos de harina de avena, 200 kilos de jabón, y hubo muchas pequeñas reparaciones en la casa, con varios obreros para ello, además de los gastos actuales regulares de alrededor de £70 (USD $ 11,200) por semana. Como si eso fuera poco, el sábado, anteayer, encontré que el aparato de calefacción necesitaba ser reparado otra vez, lo que costaría con toda probabilidad unas £25 (USD $ 4,000). Por lo tanto, era deseable, humanamente hablando, tener al menos £100 (USD $16,000) para estos grandes gastos adicionales, además de los medios para los gastos actuales.

Pero la verdad era que no tenía ninguna perspectiva humana de obtener siquiera 100 peniques (70 dólares), mucho menos 100 libras (16,000 dólares). Además de esto hoy era lunes, cuando generalmente los ingresos son escasos. Pero esta mañana, al caminar hacia la Casa de Huérfanos, y mientras iba orando, le dije particularmente al Señor en oración que en este día, aunque era lunes, Él podría enviarme mucho. Y así fue. Recibí esta mañana £301 (USD $48,120) para el servicio del Señor, ¡y para ser utilizado donde fuese más necesario!

La alegría que tuve no se puede describir. Caminé de un lado a otro en mi habitación por un largo tiempo, lágrimas de alegría y gratitud al Señor cayendo abundantemente sobre mis mejillas, alabando y magnificando al Señor por Su bondad, y rindiéndome de nuevo a Él en Su bendito servicio con todo mi corazón. Apenas he sentido más la bondad del Señor al ayudarme.

9 de noviembre. Nuestra necesidad de ahora es grande, muy grande. El Señor prueba nuestra fe y paciencia. Esta tarde, un hermano y hermana en el Señor, de Gloucestershire, vinieron a verme en la Nueva Casa de los Huérfanos antes de pasar por la casa para conocerla. Después de unos minutos recibí de la hermana un soberano (160 dólares) que le habían pedido que me trajera para el Fondo de Construcción, y ella me dio £1 (160 dólares) para mis propios gastos personales, y £1 (160 dólares) para el Fondo de Construcción, y su esposo me dio £5 (800 dólares) para los huérfanos, y £5 (800 dólares) para las Misiones Extranjeras. Así que el Señor ha confortado mi espíritu en gran manera, pero espero más y necesito mucho más.

12 de noviembre. Esta noche, mientras oraba por recursos diarios, llegó un pequeño paquete que contenía diez soberanos (1,600 dólares) de una mujer cristiana que vive no lejos de la Nueva Casa de los Huérfanos. Este fue un gran refrigerio para mi espíritu.

17 de octubre de 1854. Esta mañana, durante la oración familiar, leímos Éxodo 5, que muestra que, justo antes de la liberación de los israelitas de Egipto, sus pruebas fueron más grandes que nunca. No sólo debían hacer el mismo número de ladrillos que antes, sino que también debían recoger rastrojos, ya que no se les daba más paja. Esto me llevó a observar que incluso ahora más que nunca los hijos de Dios están a menudo en mayor prueba, justo antes de que llegue la ayuda y la liberación. Inmediatamente después de la oración familiar se descubrió que a la mañana siguiente no había recibido ni un centavo para el trabajo del Señor en el que estoy comprometido. Aunque necesitábamos mucho, la realidad indicaba que muy poco había entrado durante los tres días previos. Por lo tanto, ahora tenía que recordar Éxodo 5 y practicar las verdades contenidas en ese pasaje. En el transcurso del día no se recibió nada. Por la tarde tuve, como de costumbre, un tiempo para la oración con mi querida esposa, respetando los diversos motivos del Instituto del Conocimiento de las Escrituras, y luego salimos de la Nueva Casa de Huérfanos para volver a nuestro hogar.

Cuando llegamos a nuestra casa, alrededor de las nueve, descubrimos que se habían enviado £5 (800 dólares) y también 5 chelines (40 dólares) desde Norwich en dos Giros de Correos para el Fondo de Construcción, y que se habían enviado £ 8 3s. 11 d. (USD $1,310) por la venta de Biblias, Tratados y el Informe. ¡Esto requería acción de gracias! Pero un poco más tarde, entre las nueve y las diez, un caballero cristiano vino a casa y me dio £1 (160 dólares) para los huérfanos y £200 (USD $32,000) para las misiones en el extranjero. Él había recibido estas sumas de una mujer cristiana anciana, cuyos ahorros de TODA su vida de trabajo como sirvienta sumaron esos £200 (32,000 dólares) y que, habiendo recibido recientemente un pequeño ingreso anual de aproximadamente £30 (4,800 dólares), se sintió constreñida por el amor de Cristo a enviar los ahorros de toda su vida para misiones en el extranjero.

Nuestra oración especial había sido una y otra vez que el Señor estuviera complacido en enviar los recursos necesarios para los hermanos misioneros, ya que tenía razones para creer que necesitaban mucha ayuda, y yo justamente a las ocho de esta misma noche rogué particularmente al Señor que enviara ayuda para este objetivo. En el último correo había enviado £40 (USD $6,400) a la Guayana Británica para en alguna medida ayudar a siete hermanos. Esta cantidad tomó la última libra de mis manos para este objetivo. Me hubiera llenado de gozo poder enviar ayuda a otros hermanos también, pero no tenía más. ¡Pero ahora estoy en cierto grado provisto para este objetivo!

12 de julio de 1854. Nuestros medios ahora se redujeron nuevamente a alrededor de £30 (USD $4,800), ya que solo alrededor de £150 (USD $24,000) habían llegado desde el 15 de junio. Además de esto, teníamos gastos muy pesados ante nosotros. Esta mañana, en mi lectura en el libro de Proverbios 22:19, leí: «Para que tu confianza esté en el Señor», y luego le dije en oración: «Señor, confío en ti, pero ahora serás Tú complacido de ayudarme, porque necesito recursos para los gastos corrientes de todos los diversos propósitos de la Institución.» En la primera entrega de cartas de ese día recibí un cheque de un banco de Londres por £100 (USD $16,000) ¡para que sea utilizado en cualquiera de los propósitos según lo requiera la necesidad presente!"

¿Estás Preparado para la Eternidad?

"Al revisar mis libros de contabilidad me encuentro una y otra vez con el nombre de uno y otro que ha terminado la carrera de la vida. Pronto, querido lector, puede llegar tu turno y el mío. ¿Estás preparado para la eternidad? Te insto afectuosamente con esta pregunta. No ignores este tema, pues nada es más importante que este asunto. Todas las demás cosas, por importantes que parezcan, son de una jerarquía extremadamente pequeña en comparación con este asunto.

Tal vez preguntas: ¿cómo puedo estar preparado para la eternidad? ¿Cómo ser salvo? ¿Cómo obtener el perdón de tus pecados? La respuesta es tan simple como creer en el Señor Jesús, confiar en Él y depender sólo de Él en lo que respecta a la salvación de tu alma. Él fue castigado por Dios para que nosotros, los pecadores culpables, no fuésemos castigados si creemos en Él.

Jesucristo cumplió la ley de Dios y fue obediente hasta la muerte, a fin de que los pecadores rebeldes y culpables, al creer en Él, podamos ser considerados justos por Dios. Reflexiona sobre estas cosas, querido lector, si es que tú nunca lo has hecho antes. Sólo mediante la fe en el Señor Jesús podemos obtener el perdón de nuestros pecados y estar en paz con Dios. Creyendo en Jesús, nos convertimos, a través de esta misma fe, en hijos de Dios, y ahora tenemos a Dios como nuestro Padre y podemos venir a Él buscando todas las bendiciones temporales y espirituales que necesitamos. De esta forma todo lector de este libro puede llegar a obtener respuestas a las oraciones, no sólo en la misma medida en que las obtenemos nosotros, sino de forma mucho más abundante.

Puede ser que comparativamente pocos de los hijos de Dios estén llamados a servir al Señor estableciendo Casas de Huérfanos y proyectos parecidos, pero todos están llamados a confiar en Dios y a depender de Él en cada una de sus diversas posiciones y circunstancias. Estamos llamados a aplicar la palabra de Dios, la fe y la oración a todas nuestras situaciones familiares, nuestra ocupación terrenal, nuestras aflicciones y necesidades de todo tipo, tanto temporal como espiritualmente. Así como nosotros, por la ayuda de Dios, en alguna pequeña medida, buscamos aplicar la palabra de Dios, la fe y la oración a los diversos propósitos de la Institución del Conocimiento de las Escrituras para nuestro país y el extranjero. Haga prueba de ello, si nunca lo ha hecho antes, y verá qué su vida será abundante.

Verdaderamente prefiero mucho más esta vida de pruebas casi constante, si tan sólo puedo dejar todas mis preocupaciones sobre mi Padre Celestial y así estar cada vez más familiarizado con Él, que tener una vida de paz y quietud externas sin estas pruebas constantes de Su fidelidad, Su sabiduría, Su amor, Su poder y Su providencia suprema."

Esperando sólo en Dios

"6 de septiembre de 1854. Recibí de Clerkenwell £50 (USD $8,000) para usar la mitad para las misiones y la otra mitad como me parezca mejor. Tomé la mitad para el mantenimiento de las Casas de Huérfanos y encontré el siguiente comentario en mi diario respetando esta donación: '¡Qué respuesta tan preciosa a la oración!'

Desde el 26 de agosto hemos venido día a día al Señor para pedirle por nuestro suministro diario. Precioso, también, a favor de los hermanos misioneros, a quienes busco ayudar, para quienes no había nada en la mano cuando se recibió esta donación."

El Sr. Müller agrega algunas observaciones a esta parte de la Narrativa:

"1. Debido a que en las páginas anteriores se afirmó que en repetidas ocasiones han escaseado los recursos, alguien podría suponer que los huérfanos no han tenido todo lo que era necesario para ellos, y respondemos que nunca, desde que esta obra empezó, ha habido un almuerzo o cena en que los huérfanos no hayan tenido una buena comida nutritiva en cantidad suficiente, y nunca han estado desprovistos de abrigo, sino que he tenido los medios necesarios para siempre proporcionarles todo lo que necesitaban.

2. Nunca, desde que la obra con los huérfanos ha existido, le he pedido ayuda a un solo ser humano para este trabajo, y, sin embargo, sin ser solicitado y simplemente como respuesta a la oración, las donaciones han llegado de tantas partes del mundo como se ha documentado aquí, y eso con mucha frecuencia en un momento de gran necesidad."

El Sr. Müller escribe con fecha del año 1859:

"Todos los miércoles por la tarde me encuentro con mis ayudantes para la oración unida, y día a día he establecido tiempos para los cuales trato de llevar ante el Señor en oración el trabajo, con su gran variedad de necesidades espirituales y temporales, teniendo quizás cada día 50 o más asuntos para presentar ante Él, y así obtengo la bendición. No pido ayuda a ningún ser humano en relación con el trabajo. No, si pudiera obtener £10,000 (USD $1,600,000) a través de cada solicitud de ayuda, por la gracia de Dios no lo pediría.

¿Por qué no lo hago? Por la sencilla razón de que he dedicado toda mi vida alegremente al precioso servicio de intentar darle al mundo y a la iglesia una demostración clara, distinta e innegable d que es una bendición confiar en Dios y esperar en Él. Quiero que todos sepan que Él es ahora, como lo fue siempre, el Dios viviente, el mismo que se revela en las Sagradas Escrituras, y que, si lo conocemos y nos reconciliamos con Él mediante la fe en el Señor Jesús, si le pedimos en Su nombre lo que es según Su voluntad, sin duda nos lo dará, en Su propio tiempo, con tal que creamos que Él lo hará.

Cuarenta años he probado Su fidelidad en esta obra, nunca Dios me ha fallado, ni una sola vez."

En el Señor Jehová hay una Fuerza Eterna

Con fecha del 9 de noviembre de 1861, el Sr. Müller escribió:

"9 de noviembre. Sábado por la tarde. Cuando comenzó esta semana recibí solo £3 19s. (634 dólares) en la primera entrega del correo para ese día. Poco después, en el curso de mi lectura de las Sagradas Escrituras, leí Isaías 26:4, 'Confía en el Señor siempre, porque en Jehová el Señor está la fortaleza eterna.'

Dejé a un lado mi Biblia, me arrodillé y oré así: 'Creo que hay una fortaleza eterna en el Señor Jehová, y yo confío en Él; ayúdame, oh Señor, a confiar siempre en Ti. Que te plazca en darme más recursos este día y esta semana, ya que hasta ahora ha llegado tan poco.'

Ese mismo día, 3 de noviembre, recibí £10 (1,600 dólares) de Surbiton, £5 (800 dólares) de un donante que reside en Clifton, £2 (320 dólares) de un donante de Bristol, y en el transcurso de la semana llegaron en total £457 (USD $72,900), así Jehová demostró de nuevo que en Él hay fortaleza eterna, y que Él es digno de ser confiado.

Querido lector creyente, esfuérzate por confiar en el Señor de la misma manera. Si no tienes el hábito de hacerlo, hallarás que, como yo mismo lo he vivenciado miles de veces, qué bendito y precioso es.

Pero si el lector todavía descuida su alma y, por lo tanto, no conoce a Dios ni a Su amado Hijo, entonces lo primero y más importante que tal persona debe hacer es confiar en el Señor Jesús para la salvación de su alma, para que pueda reconciliarse con Dios y obtener el perdón de sus pecados."

Jesucristo, el mismo Ayer, Hoy y Siempre

"26 de mayo de 1861. Al final del período, descubro que el gasto total para todo el año, para todos los diversos propósitos, fue de £24,700 16s. 4d. (USD $3,923,730), o £67 13s. 5¾d. (USD $10,750) por día. Durante el próximo año anticipo que los gastos serán considerablemente mayores. Pero Dios, que me ha ayudado durante tantos años, creo que también me ayudará en el futuro.

"Tú puedes ver, lector estimado, cómo el Señor, en Su fiel amor nos ayudó año tras año. Con cada año los gastos aumentaron, porque las operaciones de las Instituciones se ampliaron aún más, pero Él nunca nos falló. Puedes decir, sin embargo, '¿Qué harías si Él fallara en ayudarte?' Mi respuesta es que eso no puede suceder, siempre y cuando confiemos en Él y no vivamos en pecado. Pero si abandonáramos a la Fuente de aguas vivas y caváramos para nosotros mismos cisternas rotas que no retienen agua al confiar en un brazo de carne, o si viviéramos en pecado, tendríamos entonces que invocarlo en vano, aunque confesáramos que aún confiamos en Él, de acuerdo con esa palabra: 'Si en mi corazón hubiese yo mirado a la iniquidad, El Señor no me habría escuchado.' Salmo 66:18.

Hasta ahora, y por la gracia de Dios, he sido capacitado para seguir confiando solo en Él, y hasta ahora, aunque con faltas y débil en muchos aspectos, por la gracia de Dios he sido capacitado para andar rectamente, odiando el pecado y amando la santidad, y anhelando una mayor conformidad a la imagen del Señor Jesús.

"21 de octubre de 1868. A medida que pasan los días le damos a conocer nuestras peticiones, ya que nuestros gastos han sido durante varios años a razón de más de cien libras (16,000 dólares) por día, pero a pesar de que los gastos han sido tan grandes, Dios nunca nos ha fallado. De hecho, en cuanto a la apariencia exterior nos hemos sentido como el 'arbusto ardiente en el desierto', sin embargo, no hemos sido consumidos. Además estamos llenos de confianza en el Señor, y por lo tanto de buen ánimo, aunque tenemos ante nosotros la segura posibilidad de que, año tras año, nuestros gastos aumenten más y más.

Si todos mis amados consiervos que desean trabajar para Dios conociesen la bienaventuranza de esperar verdaderamente sólo en Dios, y vivir confiando solo en Él, pronto verían cuán refrescante es para el alma vivir de esta manera, y cuán imposible sería el estar desilusionado en lo que a Él concierne.

Los amigos terrenales pueden cambiar sus pensamientos con respecto al trabajo en el que estamos comprometidos, pero si realmente trabajamos para Dios, por más que algunos cambien de opinión con respecto a nuestro servicio, Él no lo hará. Los amigos terrenales pueden perder su capacidad de ayudarnos, por mucho que deseen hacerlo, pero Él permanece por toda la eternidad infinitamente el Dueño de todas las cosas. Los amigos de esta tierra pueden cambiar su enfoque hacia otros propósitos después de un tiempo, y, como no pueden ayudar en todas partes, por mucho que lo deseen, pueden, aunque a regañadientes, dejar de ayudarnos; pero Él puede suplir en todas las direcciones, aunque los requisitos se multipliquen un millón de veces, para dar todo lo que sea necesario, y lo hace con deleite, donde se lleva a cabo Su obra y donde se confía en Él. Los amigos de este mundo pueden ser desaparecer debido a la muerte, y así podemos perder su ayuda, pero Él vive para siempre, y Él no puede morir.

Con respecto a este último punto de vista, especialmente durante los últimos 40 años, en relación con esta Institución, he visto la bendición de confiar únicamente en el Dios Viviente. Ni uno ni dos, ni siquiera cinco ni diez personas, sino muchos más de ellos, que una vez me ayudaron mucho con sus recursos, han sido eliminados por la muerte; pero ¿se han detenido las operaciones de la Institución por ello? No. ¿Y por qué no? Porque confié en Dios, y sólo en Dios."

Completamente Preparado para Pruebas de Fe
Con fecha del 28 de julio de 1874, el Sr. Müller escribió:

"Durante meses me ha parecido como si el Señor quisiera decir, por Su trato para con nosotros, que Él nos volverá a ese estado primero en el que debíamos mirarlo sólo a Él. Por más de diez años, desde agosto de 1838 hasta abril de 1849, día a día y casi sin interrupción, íbamos ante Él para buscarle en relación a nuestros recursos diarios, y, durante gran parte del tiempo, de comida en comida. Las dificultades me parecían realmente muy grandes, ya que la Institución es ahora veinte veces más grande de lo que era en ese entonces, y nuestras compras deben hacerse de manera mayorista. Pero al mismo tiempo me reconforta saber que Dios está al tanto de todo esto y que, si esta manera es para la gloria de Su nombre y para el bien de Su iglesia y el mundo inconverso, estoy, por Su gracia, dispuesto a ir por este camino y hacerlo hasta el final de mis días. Los fondos se gastaron rápidamente; pero Dios, nuestro Tesorero infinitamente rico, permanece con nosotros. Esto es lo que me da paz.

Además, si a Él le agrada, con una obra que requiere alrededor de £44,000 (USD $6,980,820) al año, si tuviera que volver a hacer lo que hice desde agosto de 1838 hasta abril de 1849 en el crepúsculo de mi vida, no solo que estoy preparado para ello, sino que con mucho gusto pasaría por todas estas pruebas de fe con respecto a los recursos necesarios, con tal que Él así sea glorificado, y si su iglesia y el mundo fueran beneficiados.

A menudo y con frecuencia este último punto ha pasado últimamente por mi mente, y me he colocado en la posición de no tener ningún recurso en absoluto, y con dos mil cien personas no solo a diario en la mesa, sino todo lo demás que debe ser provisto, y sin fondos; 189 misioneros que deben ser asistidos, y nada para enviarles; un centenar de escuelas, con cerca de nueve mil estudiantes en ellas, con necesidad de un apoyo completo y sin medios para ellas en la mano; cerca de cuatro millones de tratados y decenas de miles de copias de las Sagradas Escrituras que ahora se envían anualmente, y todo el dinero gastado.

Invariablemente, sin embargo, y con esta probabilidad ante mí, me he dicho a mí mismo: «Dios, quien ha levantado este trabajo a través de mí, Dios que me ha guiado año tras año para ampliarlo, Dios que ha apoyado esta obra durante más de cuarenta años, aún ayudará, y no permitirá que yo me confunda, porque confío en Él, le encomiendo todo el trabajo a Él, y Él me proporcionará lo que necesito también en el futuro, aunque no sé de dónde vendrán los medios.»

Así escribí en mi diario el 28 de julio de 1874. El lector ahora se sentirá interesado en saber cómo nos fue en estas circunstancias.

Cuando llegué a casa anoche (el 27 de julio), encontré que habían llegado cartas que contenían £193 (USD $30,630), entre las cuales había una de un misionero en tierras extranjeras, ayudado por los fondos de esta Institución, quien había recibido una herencia por la muerte de un pariente, que envió £153 0s. 4d. (USD $24,285) para misiones extranjeras.

Esta mañana, 28 de julio, llegaron £24 (3,810 dólares) más, por lo que, cuando me encontré esta tarde con varios de mis ayudantes para la oración por los recursos necesarios diariamente y varios otros asuntos (tales como la bendición espiritual sobre los diversos propósitos de la Institución, para más lluvia en esta estación seca, la salud de nuestros compañeros de trabajo, etc.) habíamos recibido, desde ayer por la tarde, un total de £217 (USD $34,441). Agradecimos a Dios por ello y pedimos más. Cuando terminó la reunión de oración, me entregaron una carta de Escocia, que contenía £73 17s. 10d. (USD $11,728) y un papel con 13s (102 dólares). Esta fue la respuesta inmediata a la oración por más recursos.

12 de agosto. El ingreso para toda esta semana, desde el 5 de agosto, ha sido £897 15s. 6½d. (USD $142,500)

16 de septiembre. Justo después de haber orado una vez más por el pago de legados que nos han dejado, recibí £1,800 (USD $285,665) para el pago de un legado.

23 de septiembre. Ingresos hoy: £5,365 13s. 6d. (USD $851,448), ¡de los cuales se envió en una sola donación £5,327 7s. 6d. (USD $845,222)! ¡El Señor sea alabado!"

Fuerte en la Fe, Dando Gloria a Dios

El 27 de marzo de 1881, el Sr. Müller descubrió que ya no quedaba dinero disponible para los Fondos dedicados a la Escuela, reparto de Biblia, ayuda a los Misioneros y la impresión de Tratados. Casi £1,400 (USD $221,913) se habían gastado para estos propósitos durante el mes anterior. Él escribe:

"¿Qué debía hacerse ahora en estas circunstancias, querido lector, cuando todo el dinero para los propósitos anteriores nuevamente había desaparecido? Respondo: hicimos lo que hemos venido haciendo durante 47 años, es decir, esperamos continuamente a Dios. Nuestros queridos compañeros de trabajo en Bristol, y mi querida esposa y yo en América, trajimos nuestras necesidades una y otra vez ante el Señor.

Aquí en los Estados Unidos, además de nuestra habitual oración diaria por ayuda, adicionalmente tuvimos temporadas especiales 4, 5 y 6 veces al día, en las cuales derramamos nuestros corazones ante nuestro Padre Celestial para dar a conocer nuestras peticiones a Él, asegurados que esa ayuda vendría: y no hemos esperado al Señor en vano. Este plan puede ser despreciado por algunos, ridiculizado por otros y considerado insuficiente por una tercera clase de personas, pero en cada prueba y dificultad encontramos que la oración y la fe son nuestro remedio universal y, después de haber experimentado su eficacia durante medio siglo, nos proponemos, con la ayuda de Dios, continuar esperando en Él para mostrar a un mundo impío y a una Iglesia dubitativa que el Dios vivo aún puede y está dispuesto a responder a la oración, y que escuchar las súplicas de Sus hijos es la alegría de Su corazón. En el Salmo 9:10, el testimonio divino con respecto a Jehová es: 'Los que conocen tu nombre pondrán su confianza en Ti. Por cuanto tú, oh Jehová, no desamparaste a los que te buscaron.' Lo conocemos por medio de Su gracia, y por lo tanto confiamos en Él.

27 de abril. Para el 27 de marzo no contábamos con ningún recurso en lo absoluto. Pero en respuesta a la oración hemos obtenido ayuda durante un mes más, y hemos recibido todo lo que necesitábamos, aunque eso ascendió a casi £1000 (160,000 dólares), y quedan £23 8s. 6¼d. (3,712 dólares).

29 de abril. Un siervo del Señor Jesús, quien constreñido por el amor de Cristo busca acumular tesoros en el cielo, ha recibido una herencia de £532 14s. 5d. (USD $84,438) y dio £500 (80,000 dólares) para la obra.

28 de julio de 1881. Durante algún tiempo los ingresos sólo han alcanzado para la tercera parte de los gastos. En consecuencia, casi todo lo que tenemos para el apoyo de los huérfanos ha desaparecido, y para los primeros cuatro propósitos de

la Institución no tenemos nada en la mano. La apariencia natural indica que el trabajo ya no puede llevarse a cabo. Pero CREO que el Señor nos ayudará, tanto con los recursos para los huérfanos como también para los otros propósitos de la Institución, y creo que no seremos decepcionados, y tampoco la obra no tendrá que ser abandonada. Estoy plenamente convencido que recibiré ayuda, y he escrito esto para la gloria de Dios, para que se registre en el futuro con el fin de motivar a Sus hijos. El resultado será visto.

Lo anterior fue escrito a las 7 de la mañana del 28 de julio de 1881. Todavía tenemos los medios para sufragar nuestros gastos, y espero que no seamos desilusionados, aunque la verdad es que durante siete años no hemos sido tan pobres como hoy."

El resultado de hecho se ha visto y se verá. Por más de 20 años, desde que esas palabras fueron escritas y el Sr. Müller registró de puño y letra su confianza en la ayuda del Señor, Dios efectivamente ha mantenido la obra, y para mayo del año 1902 ya había un saldo en mano de algunos miles de libras, independientemente de que se hayan recibido y gastado más de £500,000 (USD $75,968,508) desde que se realizó esta entrada en el diario del Sr. Müller el 28 de julio de 1881.

Durante estos 20 años, la fe y la paciencia a veces fueron muy probadas:

"15 de agosto de 1881. El saldo para los huérfanos ahora se reduce a £332 12s. 7d. (USD $50,200), el monto más bajo al que hemos llegado en más de veinticinco años. Tenemos a mano esta suma para cubrir los gastos diarios en conexión con 2,100 personas, sin embargo este monto solo es suficiente para los gastos promedios de cuatro días y medio. Pero nuestros ojos están puestos en el Señor. Confío en mi Proveedor celestial. El ingreso total de hoy ha sido de £28 5s. 2½d. (4,220 dólares).

22 de agosto. Parte de una herencia dejada hace años atrás, £1,000 (USD $150,664), finalmente se nos pagó, como respuesta a muchas oraciones.

26 de febrero de 1882. El saldo en mano actual para los huérfanos es de £97 10s. 7½d. (14,696 dólares), es decir, £24 (3,616 dólares) más que los gastos promedio de un solo día.

2 de marzo. Nuestra posición ahora con respecto a la obra con los huérfanos es orar día tras día: «Danos hoy nuestro pan de cada día.» Durante un tiempo considerable hemos tenido que mirar día a día al Señor para el suministro de nuestras necesidades diarias, pero hasta ahora Dios nos ha ayudado.

20 de abril de 1882. Cuando estábamos en la mayor necesidad, recibimos de

Edimburgo £100 (15,066 dólares) con esta aclaración: 'Originalmente se pensó enviar lo adjunto como una herencia, pero lo he enviado en vida.'

3 de junio. Desde Wottan llegaron £500 (75,330 dólares). Esta donación fue una liberación gloriosa, y una preciosa muestra de que Dios haría todavía más por nosotros.

21 de octubre. Recibimos otra vez de Wottan la suma de £1,000 (USD $150,664). Dios, en respuesta a nuestras oraciones, habló a Su amado hijo e inclinó su corazón para enviarnos más que nunca. De esa manera Él nos da prueba de que, durante el año anterior, cuando estábamos tan bajos en fondos, sólo fue para la prueba de nuestra fe y paciencia, y no por enojo; y tampoco quiso indicarnos que no nos ayudaría más. Por mi parte siempre esperé en la ayuda de Dios, y no he sido desilusionado.

17 de agosto de 1883. Nuestro saldo se redujo esta tarde a £10 2s. 7d. (USD $1,525) ¡Piensa en esto, querido lector! Día a día se debe proveer para unas 2,100 personas en la Institución de los Huérfanos, y £10 2s. 7d. (USD $1,525) era todo lo que teníamos a mano para lograr esto. Verás que estábamos justamente en la misma posición en la que nos encontrábamos hace 46 años en cuanto a fondos.

Dios es nuestro banquero. En Él confiamos, y de Él obtenemos todo por fe. Esto fue el sábado. Por la noche se recibieron £30 (4,520 dólares). El lunes recibimos £129 (USD $19,435) adicionales, pero tuvimos que pagar £60 (9,040 dólares). El martes recibimos £295 (USD $44,448), pero tuvimos que pagar £180 (USD $27,121).

Dios se complace continuamente en variar su modo de tratar con nosotros, para que no tengamos la tentación de confiar en los donantes o en las circunstancias, sino sólo en Él, y para mantener nuestros ojos fijos en Él. Es por Su gracia que estamos capacitados para hacer esto, y nuestros corazones se mantienen en paz."

Unos diez meses después, cuando el saldo en mano era de solo £41 10s. (USD $6,254), un poco más de la mitad de los gastos promedio de un día para los Huérfanos, cuando era necesario llevarse a cabo varias reparaciones y los gastos ascendían a más de £2,000 (USD $301,365), el Sr. Müller recibió una herencia de £11,034 6s. (USD $1,662,683).

"7 de junio de 1884. Esta es la donación más grande que he recibido de una sola vez. Este legado había estado más de seis años en la Cancillería, y año tras año se esperaba su pago, pero el Tribunal de la Cancillería no lo resolvía. Sin embargo, persistí en la oración y durante seis años oré día a día para que se pagara ese dinero, creyendo que Dios en Su propio tiempo (que siempre es el mejor), ayudaría eventualmente. Yo había orado por el Tribunal y por muchas otras herencias en la Cancillería, y el dinero finalmente se pagó. En el presente caso, también, después de que la fe y la paciencia se habían ejercitado lo suficiente, Dios concedió esta petición de la misma manera."

Año 1893. En el Quincuagésimo cuarto Informe de la Institución del Conocimiento de las Escrituras, el Sr. Müller dice:

"Los lectores del último informe recordarán bajo qué pruebas particulares entramos en el último año financiero de la Institución, desde el 26 de mayo de 1892 hasta el 26 de mayo de 1893, pero confiamos en Dios, con inquebrantable confianza lo miramos a Él y esperábamos que de alguna manera u otra tuviéramos ayuda.

Mientras proseguíamos, mi corazón habitualmente estaba en paz, teniendo la seguridad de que todo esto estaba permitido por Dios para preparar una bendición para miles, que luego leerían el registro de Sus tratos con nosotros durante el año, desde el 26 de mayo de 1892 hasta el 26 de mayo de 1893. Con referencia a nuestros queridos compañeros de trabajo, el Sr. Wright y yo ya hemos visto, mientras atravesamos la prueba, cómo Dios los ha bendecido a ellos.

30 de agosto de 1892. Esta noche, mientras leía los Salmos, llegué al Salmo 81:10, y recordé la obra del Espíritu Santo en mi corazón al leer este versículo el 5 de diciembre de 1835, y el efecto que esto tuvo, no sólo al llevarme a fundar la mayor Institución de Huérfanos en el mundo, sino también a la bendición que se ha llevado a decenas de miles de creyentes e incrédulos en todo el mundo.

"Yo soy Jehová tu Dios,
Que te hice subir de la tierra de Egipto;
Abre tu boca, y yo la llenaré." Salmo 81:10

Dejando de lado la Biblia, me arrodillé y le pedí a Dios que le complazca repetir Su bondad como antes, y que vuelva a proveerme con recursos más abundantes. Por consiguiente, en menos de media hora, recibí £50 (8,020 dólares) de un donante de Bristol, y de Redland recibimos una gran cantidad de pescado, además de £97 (USD $15,558) recibidos hoy como resultado de mucha oración. En la última entrega de correos, a las 9 de la noche, recibí también £5 (802 dólares) más, y fue así que tenía £152 (USD $24,382) en total, este día, como resultado de la oración.

11 de noviembre. Llegaron hoy, en las dos primeras entregas de correo, solo alrededor de £8 (1,283 dólares), pero el Señor aumentó el ingreso a más de £200 (USD $32,085) hacia el final del día. Nunca me desaliento cuando entra muy poco, sino que me digo a mí mismo, y también a mis queridos ayudantes: 'Más oración,

más paciencia y más ejercicio de la fe traerán una mayor bendición', porque así lo he encontrado invariablemente, desde octubre de 1830 hasta ahora, hace 63 años, cuando por primera vez comenzó esta vida de total dependencia de Dios para con todo.

1 de marzo de 1893. Los ingresos durante esta semana que finaliza hoy fueron de £92 8s. 8¾ (USD $14,707) para los huérfanos, y £9 11s. 2d. (U$S1,520) para los otros propósitos, siendo aproximadamente la sexta parte de nuestros gastos semanales, pero ahora la gran prueba de nuestra fe casi llegó a su fin, como se verá a continuación.

4 de marzo. Este mismo día Dios comienza a responder nuestras oraciones, ya que hemos recibido una muy buena oferta por la tierra que tenemos para vender, incluso £1,000 (USD $160,000 por acre. El comienzo del día fue mucho más oscuro en cuanto a las apariencias externas: pero confiamos en Dios por ayuda.

Las tres primeras entregas de cartas nos trajeron solo £4 (636 dólares), y las tres restantes entregas nos trajeron tan poco que el ingreso de todo el día fue de solo £8 (1,272 dólares) en lugar de £90 (14,313 dólares), la cantidad que requerimos cada día para cubrir todos nuestros gastos.

Pero Dios hasta ahora nos ha ayudado. Esta tarde hemos podido vender diez acres (40.470 m2) de tierra y dos quintos de acre a £1,000 por acre, y recibiremos £10,405 (USD $1,654,690) en total por todo un campo. El contrato se firmó a las 8 en punto de esta tarde."

La Partida del Sr. Müller para Estar con Cristo

En la noche del miércoles 9 de marzo de 1898, el Sr. Müller participó en la reunión habitual de oración celebrada en la Casa de Huérfanos No. 3; se retiró para descansar a la hora acostumbrada y, a primera hora de la mañana siguiente (el 10 de marzo), solo y en su dormitorio, exhaló por última vez. Durante mucho tiempo él sabía, en jubilosa anticipación, que «partir y estar con Cristo es mucho mejor.»

14 de marzo. Los restos terrenales del Sr. Müller fueron depositados este día en la tumba de su primera y segunda esposa, en el Cementerio Arnos Vale, en Bristol. Las circunstancias relacionadas con su partida en todo momento fueron muy notables e interesantes para el pensamiento cristiano, principalmente como una ilustración del principio eterno de Dios: «A los que me honran, los honraré.» Este

hombre, que en vida no buscó su propia gloria, a su muerte se convirtió en una persona a la que todas las clases sociales se deleitaron mostrando respeto y honor.

De las masas de espectadores simpatizantes que se alineaban en las calles, de los ojos llorosos y de las audibles oraciones que escapaban de los labios de los transeúntes (muchos de ellos los más pobres entre los pobres), mientras los huérfanos desfilaban siguiendo al coche fúnebre; desde la suspensión de todo el tráfico en las calles principales, el tañido de las campanas amortiguadas, las banderas a medio mástil y la densa muchedumbre en el cementerio que esperaba la llegada de la compañía funeraria, parecía como si toda la ciudad hubiera decidido espontáneamente honrar al hombre que no había vivido para sí mismo, sino para la gloria de Dios y para el bien de sus semejantes.

Durante unos 21 meses antes de la muerte del Sr. Müller, las pruebas de fe y paciencia fueron muy grandes. El Sr. James Wright, sucesor del Sr. Müller, escribe:

"Aquel que a veces se complace en enseñar a Sus siervos 'cómo abundar', ve que lo mejor para ellos, en ciertas ocasiones, es que se les instruya sobre 'cómo sufrir la necesidad.' Durante muchos de los 64 años durante los cuales este trabajo se ha llevado a cabo, el primero fue nuestra experiencia: abundamos y abundamos en abundancia; pero últimamente, y especialmente durante los últimos 2 o 3 años, ha sido todo lo contrario. La necesidad urgente ha sido la regla, y el dinero a favor ha sido la rara excepción. Sin embargo, nunca hemos sido abandonados."

Unos seis meses antes de su muerte, el Sr. Müller escribió:

"23 de septiembre de 1897. Parte de la herencia del fallecido G. J. Esq., £2,679 18s. 7d. (USD $444,179). Esta suma se recibió cuando estábamos en la necesidad más profunda, y después de que le haya complacido al Señor permitirnos una muy prolongada prueba de fe y paciencia; pero, mi querido lector, puedes comprobar que Dios no nos decepcionó ni nos abandonó, como nunca lo hace a los que realmente confían en Él. El gozo de tal liberación no puede ser saboreado sin la experiencia de la prueba anterior."

La siguiente entrada está en puño y letra del propio Sr. Müller:

"26 de febrero de 1898. El ingreso del día de hoy, en las dos primeras entregas de correo, fue de £7 15s. 11d. (USD $1,270). Día a día nuestra gran prueba de fe y paciencia continúa, y así ha sido hasta ahora y durante 21 meses, sin embargo, por Tu gracia somos sostenidos."

Lo siguiente, una vez más, proviene de un memorándum escrito por puño y letra del propio Sr. Müller, bajo esta fecha él escribe:

"1 de marzo de 1898. Durante casi 21 meses y con apenas algún intervalo menor, la prueba de nuestra fe y paciencia ha continuado. Ahora, hoy mismo, el Señor ha refrescado nuestros corazones. Esta tarde entró, para la obra del Señor, £1,427 1s. 7d. (USD $232,772) parte del pago de una herencia de la difunta Sra. E. C. S. Durante 3 años y 10 meses este dinero había estado en el Tribunal Canciller de Irlanda. Cientos de peticiones habían sido presentadas ante el Señor al respecto, y ahora finalmente esta parte del legado total ha sido recibido."

Así el Señor, en amor y fidelidad, refrescó grandemente el corazón de Su siervo, solo nueve días antes de llevarlo a su casa para estar con Él.

Apéndice A

Cinco Condiciones de la Oración que Prevalece

1 – El único fundamento para cualquier reclamo de bendición es la total dependencia en los méritos y la mediación del Señor Jesucristo. (Ver Juan 14:13-14; 15:16, etc.)

2 – Separación de todo pecado conocido. Si guardamos iniquidad en nuestros corazones, el Señor no nos escuchará, porque Él sanciona el pecado. (Salmo 66:18)

3 – Tener fe en la palabra de promesa de Dios confirmada por Su juramento. No creerle es convertirlo en un mentiroso y un perjuro. (Hebreos 11:6; 6:13-20)

4 – Pedir de acuerdo con Su voluntad. Nuestros motivos deben ser piadosos: no debemos buscar ninguna dádiva de Dios para consumirla en nuestros propios deseos. (1 Juan 5:14; Santiago 4:3)

5 – La insistencia en la súplica. Debe haber un tiempo de espera en Dios y esperar a Dios, de la misma manera en la que el agricultor debe tener mucha paciencia para esperar la cosecha. (James 5:7; Luke 18:1-8)

Apéndice B

La Lectura Cuidadosa y Consecutiva de las Sagradas Escrituras

Con respecto a este tema, el Sr. Müller dice:

"Caí en la trampa en la que caen tantos creyentes jóvenes: la lectura de libros religiosos por encima de las Escrituras. Ya no podía leer novelas francesas y alemanas, como lo había hecho antes, para alimentar mi mente carnal, pero aun así noté que en medio de esos libros no había puesto al mejor de todos los libros. Leí tratados, escritos sobre las misiones, sermones y biografías de personas piadosas. Es último tipo de libros los hallé más beneficiosos que otros, y si hubieran sido bien seleccionados, o si no hubiera leído demasiado de tales escritos, o si alguno de ellos me hubiera llevado a amar las Escrituras, podrían haberme hecho mucho bien.

En ningún momento de mi vida he tenido el hábito de leer las Sagradas Escrituras. Cuando tenía menos de quince años de edad, de vez en cuando leía un poco de ellas en la escuela; lamentablemente después el precioso libro de Dios fue descartado por completo, de modo que nunca leí un solo capítulo entero que yo recuerde, sino hasta que a Dios le agradó comenzar un trabajo de gracia en mi corazón.

Ahora bien, la forma bíblica de razonar habría sido la siguiente: si Dios mismo se ha condescendido para convertirse en autor, y yo soy ignorante acerca de ese libro precioso que Su Espíritu Santo ha hecho que se escriba a través de la instrumentalidad de Sus siervos, y el mismo contiene lo que yo debería saber, como así también el conocimiento de lo cual me llevará a la verdadera felicidad; debería leer este libro precioso no una, sino una y otra vez, con gran fervor, con mucha oración y con mucha meditación; y en esta práctica debería continuar todos los días de mi vida.

Porque era consciente, aunque lo leía poco, de que apenas sabía muy poco de este libro de libros. Pero en lugar de actuar al respecto, y ser guiado por mi ignorancia de la Palabra de Dios para estudiarlo más, mi dificultad para comprenderlo y el poco gozo que obtuve de la leída, me hicieron descuidar su lectura (porque una lectura de la Palabra mediante mucha oración, da no sólo más conocimiento, sino que aumenta el deleite que tenemos al leerlo); y así como también muchos creyentes, prácticamente preferí, durante los primeros cuatro años de mi vida como creyente, las obras de hombres no inspirados a los oráculos del Dios viviente.

La consecuencia fue que permanecí como un bebé, tanto en conocimiento como en gracia. Digo en conocimiento porque todo conocimiento verdadero debe ser derivado de la Palabra por el Espíritu de Dios. Y como descuidé la Palabra, durante casi cuatro años fui tan ignorante que ni siquiera sabía claramente los puntos fundamentales de nuestra santa fe. Y esta falta de conocimiento me impidió caminar de manera constante en los caminos de Dios. Porque es la verdad la que nos hace libres (Juan 8:31-32) al librarnos de la esclavitud de los deseos de la carne, los deseos de los ojos y el orgullo de la vida.

La Palabra lo comprueba. La experiencia de los santos lo comprueba; y también mi propia experiencia muy enfáticamente lo comprueba. Porque cuando agradó al Señor en agosto de 1829, mostrarme realmente el valor de las Escrituras, mi vida y mi caminar se volvieron muy diferentes. Y aunque incluso he estado muy lejos de alcanzar lo que podría y debo ser, sin embargo, por la gracia de Dios, he sido capacitado para vivir mucho más cerca de Él que antes.

Si algunos creyentes que leen esto prefieren otros libros a las Sagradas Escrituras, y disfrutan los escritos de los hombres mucho más que la Palabra de Dios, que sean advertidos por mi pérdida. Me gustaría que este libro fuera el medio de hacer mucho bien, si le place al Señor, a través de su instrumentalidad, llevar a algunos de Su pueblo a no descuidar las Sagradas Escrituras, sino darles esa preferencia que hasta ahora han otorgado a los escritos de los hombres. Mi desagrado de aumentar el número de libros hubiera sido suficiente para disuadirme de escribir estas páginas, de no haber sido convencido de que esta es la única forma en que los hermanos en general pueden ser beneficiados por mis errores y faltas, y haber sido influenciados por la esperanza, que, en respuesta a mis oraciones, la lectura de mi experiencia puede ser el medio para llevarlos a valorar más las Escrituras y para que ellas sean la regla de todas sus acciones.

Si alguien me preguntara cómo podría leer las Escrituras de manera mucho más beneficiosa, le aconsejaría que:

I. Sobre todo, debe establecer en su propia mente que sólo Dios, por su Espíritu, puede enseñarle, y que como le pedirá a Dios por bendiciones, le conviene buscar la bendición de Dios previa a la lectura, y también mientras se lee.

II. Debe tener establecido en su mente, además, que aunque el Espíritu Santo es el mejor y suficiente maestro, este experto no siempre enseña de inmediato cuando lo deseamos, y que, por lo tanto, tal vez tengamos que suplicarle una y otra vez por la explicación de ciertos pasajes, pero que seguramente nos enseñará al fin, si de verdad estamos buscando luz con oración, paciencia y con la mira puesta en la gloria de Dios.

III. Es de inmensa importancia para la comprensión de la Palabra de Dios leerla de corrido, leyendo todos los días una porción del Antiguo y una porción del Nuevo Testamento, continuando cada día desde el día anterior. Esto es importante:

a) Porque arroja luz sobre la conexión entre un capítulo y el siguiente. Pero si uno sólo lee capítulos particulares seleccionados, será totalmente imposible comprender gran parte de las Escrituras.

b) Mientras estamos en el cuerpo necesitamos un cambio incluso en las cosas espirituales, y este cambio el Señor lo ha proporcionado por Su gracia en la gran variedad que se encuentra en Su palabra.

c) Le da gloria a Dios; porque si omitimos algunos capítulos aquí y allá, estamos prácticamente diciendo que ciertas porciones son mejores que otras, o que hay ciertas partes de la verdad revelada que no son beneficiosas, o que son innecesarias.

d) Puede alejarnos, por la bendición de Dios, de puntos de vista erróneos, ya que el leer regularmente a través de todas las Escrituras nos lleva a ver el significado del todo, y también evitar poner demasiado énfasis en ciertos puntos de vista favoritos.

e) Las Escrituras contienen toda la voluntad revelada de Dios, y por lo tanto, debemos poner empeño en leer a través de toda esa voluntad revelada. Me temo que hay muchos creyentes en nuestros días que no han leído ni siquiera una sola vez todas las Escrituras; y, sin embargo, esto es posible en tan solo unos pocos meses, leyendo unos pocos capítulos cada día.

IV. También es de la mayor importancia meditar sobre lo que leemos, de modo que una pequeña porción de lo que hemos leído, o si tenemos tiempo tal vez el todo, pueda ser meditado en el curso del día. Ya sea el regularmente meditar sobre una pequeña porción de un libro, una epístola o un evangelio, debemos hacerlo sin que seamos esclavizados por este plan.

He encontrado que los comentarios de los estudiosos proveen conocimiento para la cabeza, con muchas nociones y a menudo también con la verdad de Dios, pero cuando el Espíritu enseña a través de la instrumentalidad de la oración y la meditación, el corazón se ve profundamente afectado para bien.

El primer tipo de conocimiento generalmente hace que uno se agrande, y a menudo uno abandona lo aprendido cuando otro comentario da una opinión diferente, y a veces también se lo considera que no sirve para nada cuando llega el momento de llevarlo a la práctica.

El otro tipo de conocimiento, sin embargo, generalmente produce humildad, da alegría y nos conduce más cerca de Dios, ya que no somos fácilmente confundidos, pues habiendo sido obtenido de parte de Dios, y habiendo entrado en el corazón por Él, y convertido en nuestro, generalmente también se lleva a cabo."

Apéndice C

Comprobando la Voluntad Aceptable de Dios

Es muy instructivo y útil ver la forma en la que el Sr. Müller evidenció la voluntad aceptable del Señor cuando se sintió animado en su corazón a comenzar la ampliación de la obra con los huérfanos, de modo que no solo se podría proporcionar albergue para 300 huérfanos, sino para 1000.

"11 de diciembre de 1850. La carga específica de mi oración es que Dios se complazca en enseñarme Su voluntad. Mi mente también ha estado reflexionando especialmente sobre cómo podría conocer Su voluntad satisfactoriamente sobre este tema en particular. Estoy seguro de que se me enseñará. Por lo tanto, deseo esperar pacientemente el tiempo del Señor, y aguardar a que Él acceda a brillar sobre mi camino con respecto a este punto.

26 de diciembre. Han transcurrido quince días desde que escribí el párrafo anterior. Todos los días, desde entonces, he continuado orando sobre este asunto, y eso con gran diligencia, con la ayuda de Dios. En estos días no ha pasado una hora en la que este asunto no ha estado delante de mí mientras estuve despierto. Pero todo sin siquiera una sombra de emoción. No converso con nadie al respecto. Hasta ahora ni siquiera lo he hecho con mi querida esposa.

De esto me abstengo aún, y trato solo con Dios sobre el asunto, para que ninguna influencia ni exaltación externa me impidan alcanzar un claro descubrimiento de Su voluntad. Tengo la completa seguridad de que Él me mostrará claramente Su voluntad. Esta noche he vuelto a tener un tiempo especial y solemne para la oración, con el fin de intentar conocer la voluntad de Dios. Pero mientras continúo rogando y suplicando al Señor para que no permita que sea engañado en este asunto, puedo decir que no me queda duda alguna sobre cuál será el resultado, incluso si debo seguir adelante en esta cuestión.

Como esto, sin embargo, es uno de los pasos más trascendentales que he tomado, juzgo que no puedo abordar este asunto con demasiada precaución, oración y deliberación. No tengo prisa al respecto. Por la gracia de Dios podría esperar años, si esta fuera Su voluntad, antes de dar un solo paso hacia este tema, o incluso hablarle a alguien acerca de ello; y, por otro lado, me pondría a trabajar mañana mismo si el Señor me pidiera que así lo haga. Esta tranquilidad mental de no querer hacer mi propia voluntad en el asunto, de tener como solo deseo el complacer a mi Padre Celestial, de solo buscar que Él sea honrado y no yo, este estado de mi corazón, digo yo, es para mí la más completa garantía de que mi corazón no está bajo una excitación carnal, y que, si por ello soy animado a continuar adelante, conoceré la plena voluntad de Dios.

Pero, mientras escribo esto, no puedo sino añadir al mismo tiempo, que deseo tener el honor y el glorioso privilegio de ser usado cada vez más por el Señor. He servido mucho a Satanás en mis años mozos, y deseo ahora con todas mis fuerzas servir a Dios durante los días restantes de mi peregrinación terrenal. Tengo cuarenta y cinco años y tres meses. Cada día disminuye el número de días que tengo para permanecer en la tierra. Por lo tanto, deseo con todas mis fuerzas trabajar para Él, pues hay vastas multitudes de huérfanos que necesitan ser ayudados.

Deseo que así se manifieste más abundantemente que Dios aún es el oyente y el que responde la oración, y que Él es el Dios viviente ahora, como lo fue y siempre lo será, cuando simplemente en respuesta a la oración, haya condescendido proporcionarme una casa para 700 huérfanos con recursos para mantenerlos.

Esta última consideración es el punto más importante en mi mente. Honrar al Señor es lo principal en todo este asunto, y justamente porque ese es el caso, si Él fuera más glorificado al pedirme no seguir adelante con todo esto, por Su gracia yo estaría completamente satisfecho si tuviera que abandonar todo pensamiento con respecto a abrir otra Casa de Huérfanos.

Seguramente, y en tal estado mental obtenido por el Espíritu Santo, ¡Tú, oh mi Padre Celestial, no tolerarás que Tu hijo se equivoque, y mucho menos que sea engañado! Con la ayuda de Dios continuaré, día tras día, esperando en Él en oración en cuanto a este asunto, hasta que me ordene actuar.

2 de enero de 1851. Hace una semana escribí el párrafo anterior. Durante esta semana no obstante he sido fortalecido, día a día, y más de una vez al día he buscado la guía del Señor sobre abrir otra Casa de Huérfanos. La carga de mi oración aún ha sido que Él, en Su gran misericordia, me evite cometer un error.

Durante la última semana, en el curso de mi lectura de las Escrituras he llegado al libro de Proverbios, y mi corazón se ha refrescado en referencia a este tema, por los siguientes pasajes:

'Confía en el Señor de todo tu corazón; y no te apoyes en tu propio entendimiento. Reconócelo en todos tus caminos, y él dirigirá tus caminos.' Proverbios 3:5, 6

Por la gracia de Dios reconozco al Señor en todos mis caminos, y en este asunto en particular, por lo tanto, tengo la seguridad y la tranquilidad de que Él dirigirá mis caminos con respecto a esta parte de mi servicio, en cuanto a si lo debo hacer o no.

Además: 'La integridad de los rectos los preservará; pero la perversidad de los necios los destruirá', Proverbios 11: 3. Por la gracia de Dios soy recto en este emprendimiento. Mi honesto propósito es darle toda la gloria a Dios. Por lo tanto, espero ser guiado correctamente.

Además: 'Encomienda tus obras al Señor y tus pensamientos serán confirmados', Proverbios 16:3. Yo encomiendo mis obras al Señor, y por lo tanto espero que mis pensamientos sean establecidos en paz. Mi corazón está llegando cada vez más a una seguridad calmada, tranquila y establecida, de que el Señor condescenderá a usarme aún más en la obra con los huérfanos. ¡Heme aquí, Señor! ¡Soy Tu siervo!"

El Sr. Müller anotó ocho razones en contra y ocho razones a favor de establecer otra Casa de Huérfanos para setecientos huérfanos.

La siguiente es su última razón para hacerlo:

"Estoy en paz y feliz, espiritualmente, con la perspectiva de ampliar el trabajo como en ocasiones anteriores, cuando tenía que hacerlo. Esto para mí es una razón importante para haber decidido seguir adelante. Después de toda la consideración tranquila, silenciosa y en oración sobre el tema durante aproximadamente ocho semanas, estoy en paz y feliz, espiritualmente, con el propósito de ampliar nuestros horizontes. Esto, después de todo el escrutinio del corazón que he tenido, y la oración diaria para evitar el engaño y el error por este tema, y la búsqueda de la Palabra de Dios, no sería el caso, juzgo yo, si el Señor no hubiera tenido el propósito y condescender a usarme más que nunca en este servicio.

Yo, por lo tanto, sobre la base de las objeciones ya respondidas, y estas ocho razones A FAVOR de ampliar el trabajo, llego a la conclusión de que es la voluntad del Dios bendito, que Su pobre y más indigno servidor debería servirle aún más extensamente en este trabajo, el cual está muy dispuesto a hacer.

24 de mayo. Desde el momento en que comencé a escribir mis pensamientos el 5 de diciembre de 1850 hasta el día de hoy, se ha solicitado lugar para noventa y dos huérfanos más, y setenta y ocho ya estaban esperando la admisión. Pero este número aumenta rápidamente a medida que el trabajo se vuelve más y más conocido.

Sobre la base de lo que se ha registrado aquí, me propongo avanzar en este servicio y buscar construir, para la alabanza y el honor del Dios viviente, otra Casa de Huérfanos, lo suficientemente grande como para albergar a 700 Huérfanos."

Estimado Lector

Nos interesan mucho tus comentarios y opiniones sobre esta obra.

Por favor ayúdanos comentando sobre este libro. Puedes hacerlo dejando una reseña en la tienda donde lo has adquirido.

Puedes también escribirnos por correo electrónico a la dirección: info@editorialimagen.com

Si deseas más libros como éste puedes visitar el sitio de **Editorialimagen.com** para ver los nuevos títulos disponibles y aprovechar los descuentos y precios especiales que publicamos cada semana.

Allí mismo puedes contactarnos directamente si tienes dudas, preguntas o cualquier sugerencia.

¡Esperamos saber de ti!

Más Libros de Interés

Dios está en Control – Descubre cómo librarte de tus temores y disfrutar la paz de Dios

Este libro, nos enseña cómo librarnos de los temores para que podamos experimentar la paz de Dios.

Descubrirás: Cómo resolver los problemas de la vida, Cómo experimentar la paz de Dios en medio de la tormenta, Cómo vencer los temores, Cómo sanar las heridas del alma, y mucho más.

Vida Cristiana Victoriosa – Fortalece tu fe para caminar más cerca de Dios

Este libro es la suma de muchas enseñanzas y devocionales cristianos. Que al leer este libro Dios pueda hablarte, y que tu vida sea fortalecida.

Descubre: Cómo vivir la vida victoriosa, Cómo ser amigo de Dios y ganarse Su favor, Cómo vencer la tentación, ¿Por qué permite Dios el sufrimiento? Y mucho más.

Gracia para Vivir – Descubre cómo vivir la vida cristiana y ser parte de los planes de Dios

Se comparte sobre la gracia que proviene de Dios. La misma gracia que trae salvación también nos enseña cómo vivir. ¿Estaba preparado Jesús para todo lo que iba a sufrir? Se analizan los miedos que nos paralizan y cómo debemos reaccionar.

Consejos para vivir feliz – Sabiduría en enseñanzas breves para una vida cristiana plena y fructífera

Basado en el libro de los Proverbios, donde podemos encontrar consejos y enseñanzas. Hay mucha gente que va por esta vida todavía sin saber cuál es su propósito o se encuentran perdidos cuando tienen que tomar alguna decisión importante.

El hombre que parafraseaba – Un encuentro de consecuencias eternas

Un encuentro entre un niño azotado por la soledad y un anciano que en el amor ha obtenido las respuestas. El anciano está de paso, el niño se encuentra solo como siempre.

Juntos emprendan un viaje de ida y vuelta a lo más profundo del corazón de Dios.

Ángeles En La Tierra – Historias reales de personas que han tenido experiencias sobrenaturales con un ángel

Los ángeles son tan reales y la mayoría de las personas han tenido por lo menos una experiencia sobrenatural o inexplicable.

Promesas de Dios para Cada Día – Promesas de la Biblia para guiarte en tu necesidad.

La Biblia está llena de las promesas y bendiciones de nuestro Padre. Te ayudará conocerlos y te fortalecerán en tu fe. Las promesas están compilados según el tema. Y si te encuentras en una situación apremiante, permite que Sus promesas te alienten para seguir creyendo en fe que nada es imposible para nuestro Dios fiel.

Perlas de Sabiduría – Un devocional de 60 días descubriendo verdades en la Palabra de Dios

En este libro devocional para mujeres descubrirás verdades y principios espirituales 'escondidos', así como las perlas, los cuales están esperando ser encontradas por aquellos que realmente quieren saber más.

Sanidad para el Alma Herida – Cómo sanar las heridas del corazón y confrontar los traumas para obtener verdadera libertad espiritual

Este es un libro teórico y práctico sobre sanidad interior. Nuestra enseñanza motiva la búsqueda de la sanidad para las mentes y espíritus de las almas sufridas y por qué no, atormentadas. De esto trata la "sanidad interior" o sanidad para el "alma herida"

www.ingramcontent.com/pod-product-compliance
Lightning Source LLC
LaVergne TN
LVHW011730060526
838200LV00051B/3116